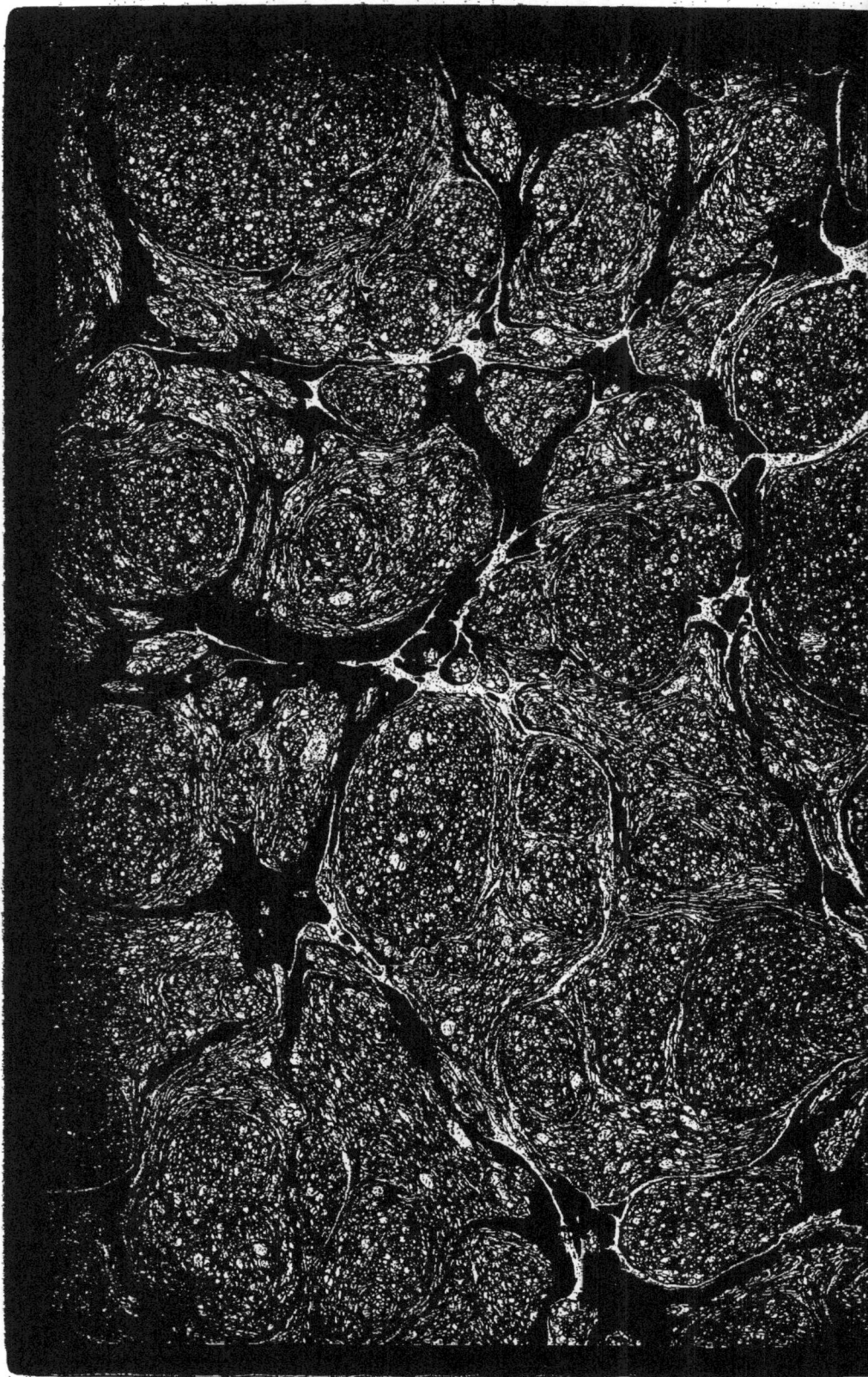

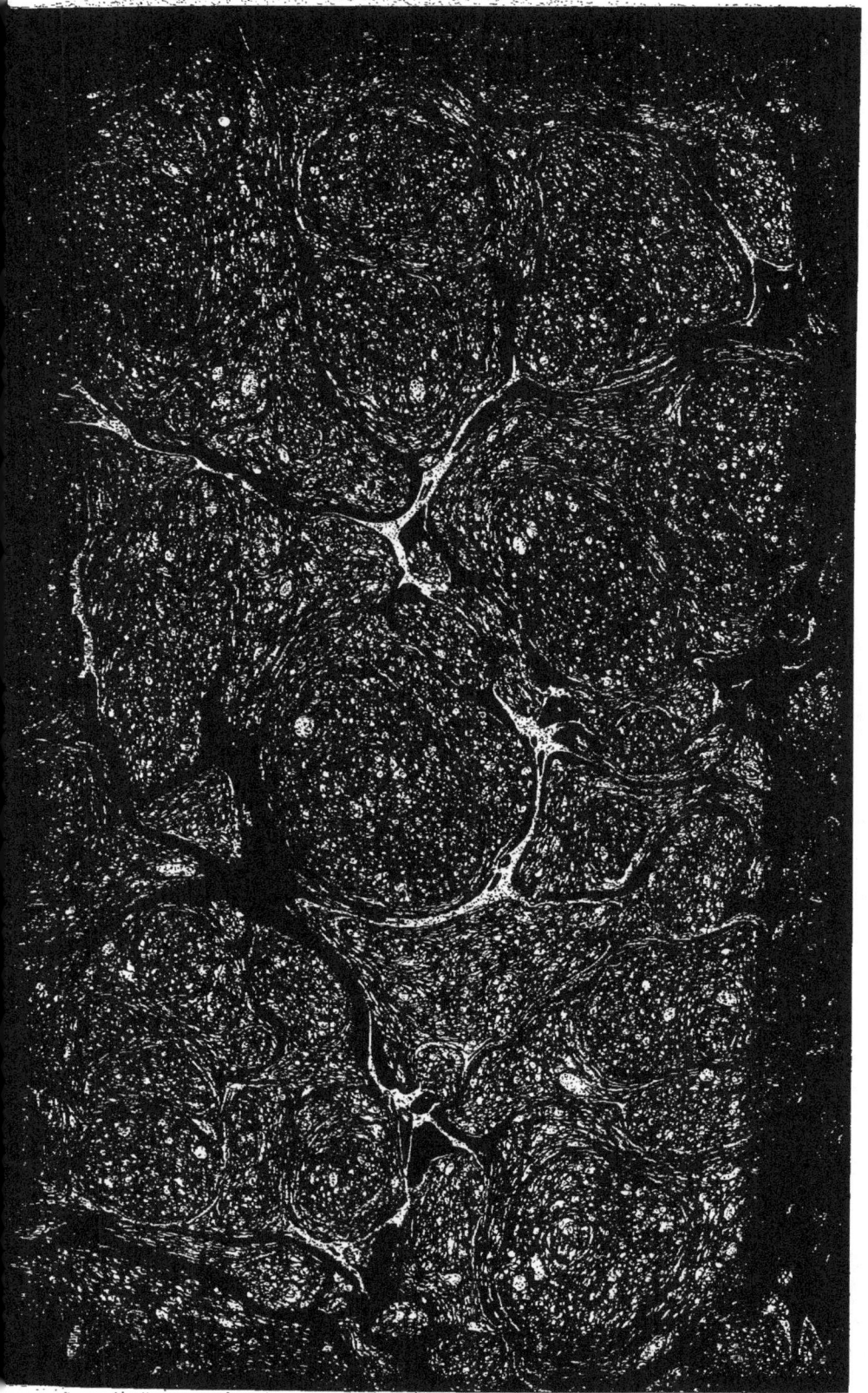

279: ter? 1

H.

ITINÉRAIRE

DESCRIPTIF,

OU

DESCRIPTION ROUTIERE

DE LA FRANCE ET DE L'ITALIE.

ITINÉRAIRE DESCRIPTIF

OU

DESCRIPTION ROUTIÈRE

GÉOGRAPHIQUE, HISTORIQUE ET PITTORESQUE

DE LA FRANCE ET DE L'ITALIE.

3e. PARTIE. — RÉGION DU NORD.

Par V*** DE VILLIERS, Inspecteur des Postes-relais,
Associé-Correspondant des Académies de Dijon et de Turin, Membre
de celle des Arcades de Rome.

Prix : 3 fr. 5o c., avec la Carte.

A PARIS,

Chez
L'ÉDITEUR, au Bureau de l'Almanach du Commerce,
rue J.-J. Rousseau, N°. 20;
POTEY, Libraire, rue du Bac, n°. 46;
BAILLEUL, Imprimeur, rue Ste.-Anne, n°. 71;
LATOUR, Libraire, grande Cour du Palais-Royal.

De l'Imprimerie de HOCQUET, rue du Faubourg Montmartre, n. 4.

M.DCCC.XVI.

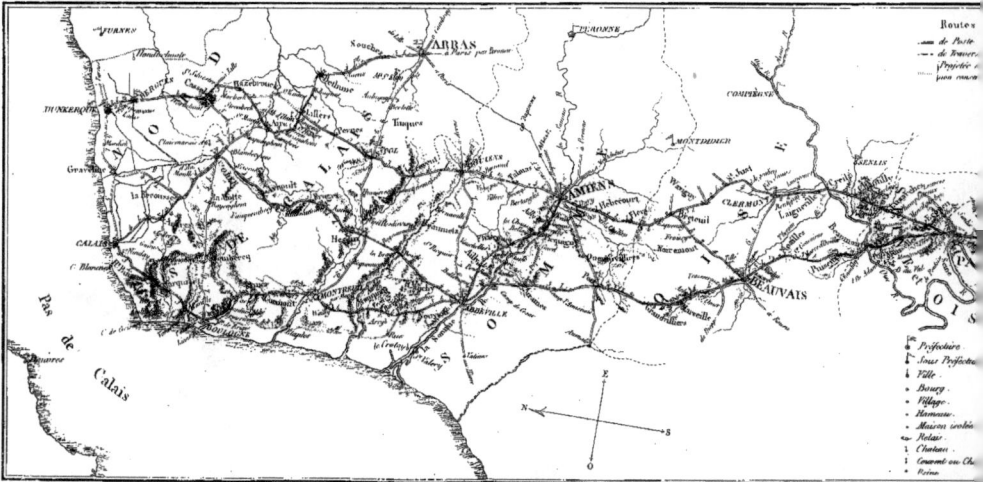

ROUTES DE PARIS A CALAIS ET A DUNKERQUE.

AVERTISSEMENT.

La route de Calais étant la plus fré-
quentée du royaume, par le peuple le
plus curieux et le plus observateur de
l'Europe, nous avons cru devoir la pu-
blier de suite isolément, pour fournir
aux nombreux Voyageurs de cette nation,
dans le moment où nos relations avec
elle viennent de se rétablir, un moyen
de communication de plus, en allant les
chercher, en quelque manière, aux portes
de la France, et les conduisant, comme
par la main, d'observations en observations, jusques dans la capitale qui est
ordinairement le but principal de leur
voyage.

Nous espérons qu'ils nous sauront gré
de cet acte de bon voisinage, qui a pour
objet de leur faire connaître de suite, avec
le pays qu'ils viennent visiter, la seule
description vraiment itinéraire et géographique qui en ait été publiée.

ITINÉRAIRE DESCRIPTIF,

OU

DESCRIPTION,

ROUTIÈRE , GÉOGRAPHIQUE ET PITTORESQUE

DE LA FRANCE ET DE L'ITALIE.

~~~~~~

Ire. ROUTE DE PARIS A CALAIS,

Par St.-Denis, Beauvais, Abbeville et
Boulogne.

65 lieues.

————————————

§ 1. *De Paris à Saint-Denis.* 2

<div align="right">lieues.</div>

On sort de Paris par le magnifique arc de
Triomphe , connu sous le modeste nom de
Porte St.-Denis, et par le faubourg qui est
à la suite, à moins qu'on ne parte de ce faubourg même ou de ceux qui l'avoisinent. On
traverse ensuite celui de St.-Lazare, et au
sortir de la barrière, celui de la Chapelle,

qui, parce qu'il est extérieur, porte le titre de village. Ce serait une raison de plus, ailleurs qu'à Paris, pour qu'il fût qualifié de faubourg. Ce village est la patrie du poëte épicurien Chapelle.

A quelques portées de fusil, sur la gauche, s'élève la butte Mont-martre, la principale des hauteurs qui dominent Paris, et l'une des plus vivement attaquées comme des mieux défendues, au 29 Mars 1814, lorsque les armées de l'Europe conjurée contre Napoléon, se présentèrent au nombre de plus de deux cents mille combattans devant la capitale de la France, qui n'était gardée que par quinze à dix-huit mille soldats de troupes tant vieilles que nouvelles. Cette petite armée, malgré l'immense supériorité du nombre, soutint pendant une journée entière l'honneur national. Elle ne céda qu'après avoir perdu cinq à six mille hommes et en avoir tué deux fois plus, dit-on, à l'ennemi, qui cessa de l'être par la capitulation. Les ennemis de Napoléon devinrent les amis de la France et la France fut sauvée.

La plaine de St.-Denis, que nous allons traverser depuis la barrière jusqu'à la ville de ce nom, n'a pas été l'un des principaux théâtres des exploits qui signalèrent cette mémorable journée. Les alliés la couvraient bien de leurs innombrables bataillons; mais ils n'y furent pas attaqués.

La route large, droite et belle qui conduit, en forme d'avenue, d'une ville à l'autre, est bordée d'une double allée d'arbres, qui, plantés depuis peu d'années, ne sont que des arbrisseaux, en comparaison des vieux ormes dont cette avenue était si noblement ombragée avant la révolution. Sept croix élevées de distance en distance y commandaient le recueillement aux fidèles, en leur rappelant les diverses stations où se reposa, le 22 Mai 1271, Philippe-le-Hardi, portant sur ses épaules les ossemens du roi St.-Louis son père.

Une procession solennelle conduisait tous les 7 ans les religieux de l'Abbaye de St.-Denis à celle de Mont-martre. C'était au mois de Mai: elle attirait sur cette route un grand concours de peuple.

La plaine, à l'exception des allées qui bordent la route, est entièrement dépouillée d'arbres, et n'est belle, comme nous le disons ailleurs de celle de Marengo, que pour les batailles. Elle est en revanche très-produc-

tive en grains de toute espèce. C'est la partie
la plus fertile du territoire de Paris, comme
on le juge aisément à l'abondance de ses
moissons, ce qu'elle doit plus néanmoins
aux engrais de Paris qu'à la nature de son
sol. Elle produit en froment 6 à 7 pour un.
Vers le milieu de la distance, on laisse à une
demi-lieue sur la droite le village des Vertus,
devenu tristement célèbre par les ravages
que lui a fait éprouver l'invasion de 1815.

La route qu'on voit à gauche en arrivant
de cette ville à St.-Denis, va à Versailles, par
le bois de Boulogne, et communique, par un
embranchement, à la barrière de Clichy.

Ville de
St.-Denis.

La ville de St.-Denis s'annonce de loin par
la haute flèche de sa célèbre église. En approchant, on voit se développer le beau bâtiment de l'Abbaye, et s'élever deux dômes
modernes dont le plus remarquable, quoique
le moins élevé, celui des Carmélites, fait
positivement face à la route.

Cette ville n'est ni mal bâtie ni mal percée.
Elle compte 4000 habitans de population fixe
et à peu-près autant de population mobile,
qu'elle doit à ses manufactures de toiles
peintes, à sa magnifique caserne d'infanterie,
fondée dans le même tems et sur le même

modèle que celles de Ruel et Courbevoye, enfin à sa célèbre maison d'éducation, consacrée aux filles des officiers de la Légion d'honneur.

Cette pension est établie dans le couvent de l'Abbaye de St.-Denis, dont nous venons de parler, et qui est, avec la caserne et l'église des Carmélites, tout ce qu'on voit de mieux en fait de bâtiment moderne, dans cette ville.

La petite rivière de Crou, qui prend sa source près de Gonesse, passe à St.-Denis où elle fait aller plus de trente moulins, appartenant la plupart à des meûniers très-riches, dont quelques-uns même sont des personnages distingués. J'ai eu lieu d'être surpris autant que charmé du ton que j'ai trouvé chez l'un d'entre eux, alors maire de la ville, et du goût qui régnait dans les embellissemens de son moulin. Il en a fait une véritable maison de plaisance. Les eaux destinées à donner le mouvement à ses meûles servent aussi à donner de l'agrément à son habitation. Distribuées dans un jardin anglais, elles y serpentent, tantôt au milieu des gazons et des fleurs, tantôt sous d'épais ombrages.

Les meûniers de St.-Denis travaillent moins pour les particuliers que pour le commerce,

et sont, par cette raison, moins des meûniers que des négocians. C'est une des
principales branches sur lesquelles s'exerce
l'industrie des habitans. Des blanchisseries
nombreuses, des magasins d'épicerie, quelques tanneries, et deux fameuses foires de
huit jours, qui commencent, l'une le premier Juin, l'autre le huit Octobre, concou-
rent encore avec les fabriques de toiles
peintes dont j'ai parlé plus haut, à classer
St.-Denis parmi les villes commerçantes.

Mais ce qui forme son véritable relief est
sa belle église gothique, destinée à la sépulture de nos rois, sépulture profanée comme
on sait, dans ces tems désastreux où rien ne
fut sacré, et devenue le sujet des jolis poëmes
de monsieur de Treneuil et de madame de
Vannoz. Les profanateurs ne respectèrent pas
même la dépouille de ceux de nos monarques
dont la mémoire est la plus chère aux Français, et les cendres augustes des Louis XII
et des Henri IV furent dispersées avec celles
des Louis XI et des Charles IX. Plusieurs
des monumens où elles reposaient, ouvrages
de nos plus grands artistes, furent trans-
portés à Paris, et réunis dans le Muséum
des Augustins.

La restauration de cette église, commencée depuis plusieurs années par Bonaparte pour la dynastie nouvelle qu'il croyait fonder, s'achève par les ordres de Louis XVIII pour l'auguste monarchie, qu'il vient de rétablir sur ses antiques bases. Rendu à sa sainte destination, le caveau de St.-Denis a recouvré les cendres de Louis XVI le 21 Janvier 1815, anniversaire du jour de deuil qui en priva la France.

Bâtie, dit-on, à l'endroit même où St.-Denis, dans le milieu du IIIe. siècle, arriva de Montmartre, lieu de son martyre, en portant sa tête à la main, cette église a été renouvellée plusieurs fois, depuis la chapelle dont les premiers chrétiens entourèrent le tombeau élevé au saint par la dame Romaine *Catulla*, chapelle qui fut remplacée dans la suite par la magnifique église de Dagobert jusqu'à l'église actuelle, construite sur les fondations de cette dernière par les munificences de la reine Blanche et de St.-Louis.

L'ensemble de ce monument offre un beau gothique : l'entrée est un reste de l'église fondée par Charlemagne. L'intérieur aurait de la majesté, si les verres de couleur qui ont remplacé les anciens vitraux

ne lui laissaient trop de jour : la vive clarté
qui règne sous cette nef est loin d'annoncer
sa funèbre destination. On admire les deux
magnifiques œils de bœuf des deux bouts de
la nef transversale, et le nouveau sanctuaire,
pavé en marbre gris-veiné de Carrare.

C'est sous ce sanctuaire qu'est placé le caveau. On y entre par l'église souterraine.
Il est revêtu, pavé et voûté en marbre noir
alternant avec des pierres de liàis. Le caveau
de Turenne était isolé. La dépouille de ce
héros, qu'on a vue successivement au jardin
des Plantes et aux Invalides, est la seule
conservée, non qu'elle ait inspiré plus de
respect, mais parce que ce n'était pas celle
d'un Roi. La sacristie de l'église offre un
double chef-d'œuvre moderne, et dans sa
voûte à plein-ceintre sculptée en rosace,
et dans ses boiseries perfectionnées, qui
servent de cadre à dix tableaux exécutés par
autant d'artistes vivans, chargés d'y représen-
ter divers sujets relatifs à cette église.

On peut, au sortir de ce temple, pour dis-
siper les impressions mélancoliques des tom-
beaux, aller en puiser de plus gracieuses dans
l'Ile d'amour formée par la Seine, qui passe
à un quart de lieue de St.-Denis.

Cette île, assez considérable, renferme un village de cinquante maisons toutes rangées sur la rive, en forme de quai, et terminées à un bout par l'église paroissiale, avec son presbytère, à l'autre bout par un joli château qui fait face à l'avenue de St.-Denis. Un parc délicieux est le principal embellissement de ce château et de cette île, à laquelle il a fait donner le nom romantique qu'elle porte. Son nom géographique est: *Ile St.-Denis.*

En partant de la poste, on laisse à gauche la route de Rouen par Pontoise, à droite celle de Louvres par Gonesse, et bientôt après en face, à l'endroit appelé *le Barrage*, celle d'Ecouen, village dont on voit pendant quelque tems à droite le magnifique château, élevé sur une colline boisée et pittorresque. On a traversé, avant cet embranchement, le village de Pierrefite; on trouve, une lieue après, celui de St.-Brice situé à mi-chemin, peuplé de mille à douze cents habitans et rempli de maisons de campagne, qui ont contribué sans doute à y faire établir un bureau de poste.

C'est au Barrage qu'est située la limite des départemens de la Seine et de Seine et Oise. Entre cet endroit et St.-Brice, on laisse à gauche un chemin pavé qui mène à Montmorency, (*V. route de Rouen par Pontoise.*) et entre St.-Brice et Moisselles un autre qui mène au château de Blemur, remarquable par un superbe site, ainsi que par un très-bel établissement de filature et tissages de coton, créé par monsieur de Coulon, propriétaire du château. Le pays qu'on traverse est frais et varié. Les bois et les vignobles en sont le principal embellissement.

Moisselles est un village de quatre vingt feux, après lequel, au bout d'environ un quart de lieue, on laisse sur la droite une avenue qui conduit au village de Viarmes et à l'ancienne Abbaye de Royaumont de l'ordre de Citeaux. Viarmes renferme environ douze cents habitans, plusieurs maisons de campagne, et un beau château appartenant au général d'Avrange d'Augeranville. L'église de l'Abbaye a servi à bâtir dans l'enclos un petit village, dont la population s'élève à trois cents habitans. Ce village a été fondé, ainsi que la filature et tissage de coton qui existent dans les vastes bâtimens de la maison conventuelle, par monsieur de Travanet, ancien maréchal de camp qui y possède une jolie maison de campagne.

On laisse ensuite à quelques portées de fusil à gauche, sur un monticule des plus frais et des plus boccagers, au bord de la forêt de *l'Ile-Adam*, le hameau de *Maffliers*, où se fait remarquer le château de monsieur Doulcet d'Egligny, au milieu d'une masse de verdure.

Une autre route, qu'on laisse du même côté, conduit à l'Abbaye du Val, devenue la maison de plaisance de l'ex - ministre d'Etat Regnault de St.-Jean-d'Angely, et au bourg de l'Ile-Adam dont le beau château, construit dans une île que forme l'Oise, appartenait au prince de Conty. Il est au nombre de ceux que les spéculateurs révolutionnaires ont fait disparaître.

Une demi-lieue avant d'arriver à Beaumont, on parcourt, dans sa longueur, le village de Presle, situé au pied d'un monticule isolé et pittoresque, dont le sommet est couronné par une maison de plaisance appartenant à un particulier de Paris. Une demi-lieue plus loin on laisse à droite le village et château de Nointel appartenant jadis à monsieur Ribaud-de-Nointel, et aujourd'hui à monsieur de Laneuville agent de change. Les dépendances de ce château répondent à la beauté de l'édifice. Les points de vue, les jardins, les bosquets et les eaux en font un séjour extrêmement agréable. Il y a aussi dans ce village quelques maisons de campagne, le territoire abonde en fruits. En général toute cette distance, comme la précédente, offre des pays variés et riches en vignes ainsi qu'en arbres fruitiers. Elle offre aussi diverses montées et descentes, dont quelques-unes sont assez rapides.

Beaumont-sur-Oise est une petite ville de deux mille habitans : ses noms et surnoms indiquent son agréable situation sur une des côtes qui bordent la riche vallée de l'Oise. On y voit une jolie promenade en terrasse, dominant sur cette vallée, et une vieille tour en débris qui a fait partie de l'ancien château, détruit, dit-on, par les Anglais. Le seul commerce de cette ville est celui des grains et des farines : il y a trois marchés par semaine et cinq foires par an. Les trois marchés sont le mardi, jeudi et samedi, et les foires, le jeudi après le 15 janvier, le jeudi de la mi-carême, le jeudi avant l'ascension, le jeudi après la St.-Pierre et le jeudi après la St.-André.

A un quart de lieue N. E. il existe un terrain que l'on nomme par tradition *Camp de César*, quoiqu'il n'offre plus aucun vestige de camp. — *Parcouru depuis Paris* 8

lieues.

On descend par une belle rampe au pont sur lequel on va passer l'Oise ; puis on arrive en ligne droite et en plaine à Chambly, joli bourg situé au tiers de la première distance. Le petit nombre de géographes qui lui ont accordé une mention le qualifient de ville. Les boutiques, la place et la promenade qu'on y remarque semblent lui donner quelques droits à cette qualification. Il y a environ douze à quinze cents habitans et un bureau de poste. A mi-chemin de Beaumont à ce bourg, on passe du département de Seine et Oise dans celui de l'Oise.

Le terrain est riche en grains avant Chambly, et peu fertile après, du moins le long de la route, qui cependant est agréable à parcourir par la variété des aspects et la nature champêtre du pays. La même nature règne avec de légères différences jusqu'à Beauvais.

Puiseux est un village de quatre-vingt à cent feux, situé dans un pays frais et gracieux. On y longe à gauche un joli château appartenant à madame de Bruant. La fabrication de montures d'éventail est une industrie particulière aux habitans de ce pays

On trouve à des intervalles presqu'égaux le hameau de More d'Oviller et le village de Ste.-Geneviève, entre Puiseux et Noailles, bourg peuplé de sept à huit cents habitans, et proprement bâti en brique. On trouve le village de Warlui à mi-chemin de Noailles à Beauvais, où l'on descend par une assez longue côte.

Ville de Beauvais. Le sol crayeux de la Picardie commence à se montrer avant cette ville. Entourée de vignobles qui fournissent de mauvais vin, et offrent de jolis points de vue, elle est située sur le Thérin, dont les eaux y alimentent un grand nombre de fabriques et de teintureries. Quoique bâtie en bois, elle est plus agréable qu'on ne pourrait s'y attendre. Les rues par lesquelles, on la traverse sont assez larges et les maisons assez propres. La grande place, uniformément entourée de façades à pignons, peut passer pour belle. L'hôtel-de-ville est un édifice moderne d'une très-bonne architecture.

La cathédrale n'a pas été finie; il n'en existe que le chœur et la nef transversale, destinée à former, avec la grande nef qui manque, la croix latine. Le chœur, par sa hardiesse et ses grandes proportions, est à lui seul un superbe temple. Son élévation prodigieuse au-dessus du niveau général des combles de la ville, suffirait pour en faire une très-haute église, sans y comprendre la partie de l'édifice qui s'élève depuis le sol jusqu'à ce niveau. Ce commencement de cathédrale, qui n'a point de nef, n'a pas non plus de clocher. L'intérieur renferme un beau tombeau, celui du cardinal de Forbin de Janson, par Coustou. On y voit aussi trois tentures de tapisserie, de la célèbre manufacture royale de cette ville. Une des trois, représentant la guérison du paralytique, est regardée comme un superbe ouvrage.

Dans deux chapelles à droite sont de

vieilles tapisseries où l'on remarque des caractères gothiques : elles intéressent par leur ancienneté et par la comparaison qu'on aime à en faire avec les produits plus récens de la même fabrique, qui surpassait celle des Gobelins, avant que celle-ci eût atteint sa perfection actuelle. Si les peintures de cette dernière offrent aujourd'hui plus de fini, le tissu de Beauvais offre plus de finesse et de netteté, ce qui donne aussi plus de précision aux dessins. C'est dans quelques-unes de nos maisons royales qu'on voit les tapisseries de Beauvais les plus perfectionnées. J'en ai admiré une à Compiègne qui me faisait balancer entre les chefs-d'œuvres des Gobelins et ceux de Beauvais, réunis sous mes yeux dans les diverses pièces d'un même appartement. Cette dernière manufacture, que le caprice de la mode a condamnée à ne plus travailler pour les tentures, n'était affectée lors de mon dernier passage, qu'aux tissus pour meubles.

Une compagnie particulière a formé dans cet ville un autre établissement du même genre qui ne travaille que pour les tapis. Trois belles manufactures de toiles de coton y ont été créées pendant la dernière guerre. Outre

ces établissemens majeurs , la ville est remplie
de manufactures de grosses draperies et de
toutes sortes d'étoffes de laine.

C'est le siège de la préfecture de l'Oise ,
d'un tribunal de première instance et d'un tribunal de commerce. Il y avait un évêché qui
a été supprimé par le Concordat. La population
de Beauvais est de 13 à 14000 habitans , la
plupart manufacturiers.

Son origine est inconnue et son ancienneté
incontestable. Dans la notice des provinces
de la Gaule , disent d'Anville , la Martinière ,
Piganiol , Expilly , elle est nommée *Civitas
Bellovacorum.* Je m'en rapporte à ce que ces
savans ont répété les uns d'après les autres ,
sans avoir sans doute , ni les uns ni les autres
(en exceptant toutefois le fidèle d'Anville)
vérifié plus que je ne l'ai fait , si leurs prédé-
cesseurs avaient dit vrai ou non. Ptolomée
indique , sous le nom de *Cæsaromagus* , la
capitale des *Bellovaci* , « peuples distingués
entre les Belges par leur valeur , (dit d'Anville , d'après Jules César) , et considérables
par leur nombre. » César ajoute qu'ils pouvaient mettre sur pied cent mille combattans.

Monsieur Cambry regarde comme un temple

antique un vieux bâtiment dépendant de la
maison où est établi le tribunal criminel,
près de l'évêché. Sa construction a véritablement quelque chose d'antique, mais elle
ne peut remonter qu'au bas empire. Sur la
face extérieure du mur septentrional de
l'église de St.-Etienne, j'ai remarqué un monument romain bien mieux caractérisé ; c'est
un tombeau en relief qui m'a paru d'un bon
style. Cette église de St.-Etienne offre un
assez joli gothique : on y remarque des vitraux parfaitement conservés et un beau
tableau dont le sujet est le portement de la
croix.

Nous avons vu que les côteaux de vignes
qui dominent cette ville, lui procurent un
horizon gracieux. Les bosquets, les prairies
et les arbres fruitiers ajoutent encore à la
beauté, à la fraicheur et à la variété du site.
Les remparts forment tout à l'entour une
enceinte de promenades ombragées qui, en
certaines parties, sont très-agréables. On
commençait à les démolir lors de mon premier passage, pour assainir, disait-on, l'air de
la ville. Je ne sais si elle obtiendra ce résul-
tat, mais il en est un autre qui ne sera rien
moins qu'avantageux pour elle : ce sera

de la priver d'un de ses plus beaux ornemens.

La ville de Beauvais s'honore de n'avoir
jamais été prise, ce qui l'a fait nommer *la
pucelle*. Elle a soutenu, avec un succès distingué, deux siéges, l'un contre les Anglais
en 1443, l'autre contre les Bourguignons
en 1472. Dans le premier, elle fut sauvée
par le courage d'un habitant nommé Jean
Lignière, qui, pendant que les ennemis,
ayant forcé la porte de l'hôtel-Dieu, se pré-
cipitaient en foule dans la ville, se fit jour
à travers les Anglais jusqu'au rempart, coupa
la corde qui soutenait la herse, et força ceux
qui avaient déjà pénétré dans la ville, de se
rendre à discrétion. Dans le second, elle fut
sauvée par une femme nommée *Jeanne Hachette*, qui, voyant sa patrie en danger, se
met à la tête des autres femmes, s'arme, vole
sur la brêche, arrache le drapeau qu'on y
voulait arborer, et jette le soldat qui le portait en bas de la muraille.

C'est en mémoire de cette belle action,
qu'on faisait tous les ans, au 10 juillet une
procession solennelle où les femmes mar-
chaient les premières. Les lettres-patentes de
Louis XI donnent à cette femme illustre le

nom de *Jeanne Laínée*, dite *Fourquet* : on ne sait pourquoi l'histoire et la tradition s'accordent à lui donner le nom de Jeanne Hachette ; mais on présume que c'est parce qu'elle était armée d'une *hachette*.

Il n'est point de ville en France qui ait produit, eu égard à sa population, un aussi grand nombre d'hommes illustres que Beauvais. Les principaux sont les jurisconsultes Loysel et Simon, le médecin Bruhier d'Ablaincourt, l'abbé Dubos, secrétaire perpétuel de l'Académie Française, l'infatigable Lenglet Dufresnoy, le grammairien Restaut, l'antiquaire Vaillant, les deux Villiers de l'Ile Adam, l'un maréchal de France, sous Charles VII, au 15e. siècle, l'autre grand maître de Malthe, dans le siècle suivant ; et le savant dominicain Vincent de Beauvais, précepteur des enfants de St-. Louis. Il s'est tenu à Beauvais plusieurs conciles, dont un, celui de 1114, est célèbre par l'excommunication de l'empereur Henri V. — *Parcouru depuis Paris.* . . . .

———————

Au sortir de la ville, on laisse à droite la

route de Breteuil, pour gravir une montée
et cotoyer ensuite le Thérain, sans le voir.
Au tiers de la première distance, on trouve
le village de Troissereux, où l'on laisse à gauche une route de troisième classe, qui mène
à Dieppe et aux deux tiers, celui de St.-Omer-
la-Chaussée.

Un peu plus loin, on laisse, à une portée de
balle au-delà du frais vallon du Thérain, le
joli château d'Achy appartenant à M. de Clermont-Tonnerre, et un instant après, on traverse une partie du village de ce nom, dont une
autre partie, séparée de celle-là, est groupée
avec l'église paroissiale, autour du château.

Marseille est un village d'une situation
agreste, au milieu d'un joli bassin, om-
bragé d'arbres et arrosé par la petite rivière
d'Herbonval, qu'on y traverse, et par celle du
Thérain, qu'on cotoye sans cesse à gauche, toujours sans le voir. La campagne,
généralement cultivée en blé, et sans
agrément, est, de loin en loin, parsemée de
bosquets, dont chacun recèle toujours un village, suivant l'usage de la Picardie, d'en-
tourer tous les lieux, de bosquets, de vergers et de prairies. C'est ainsi que se présente un hameau qu'on rencontre une demi-

lieue avant Grandvilliers, joli bourg peuplé de plus de 3000 habitans, monté d'un bureau de poste, et commerçant, par ses marchés, ainsi que par ses fabriques de serges et bonneteries de laine. On le parcourt dans de larges rues, aboutissant toutes à une grande place qui, située à-peu-près au centre, et entourée de hautes maisons, bien bâties, est assez belle, malgré son irrégularité. Cette grande place et ce joli bourg m'ont rappelé ceux de la Flandre et de la Lombardie. li
—*Parcouru depuis Paris.* 26

§. 9 *De Grandvilliers à Poix.* 3

Même nature de route et de contrée. A mi-chemin on traverse le vallon et la petite rivière de Tossac, qui ne mérite d'être nommée que parce qu'elle sépare, en cet endroit, le département de la Somme de celui de l'Oise. Une montagne assez forte à gravir, immédiatement après cette rivière, une autre à descendre, en arrivant à Poix, sont les principales inégalités de cette distance.

Le pays devient plus crayeux que jamais. Poix est un bourg de 1000 à 1200 habitans, avec un bureau de poste, et une auberge au relais. Il est situé dans un fond et généralement assez bien bâti. On y traverse la route de Rouen à Amiens. — *Parcouru depuis* lieues. *Paris* . . . .   27 ½

---

§ 10 *De Poix à Airaine.*   5

Plaine de champs. A mi-chemin, hameau de Camp-l'Amiénois. Airaine est un bourg d'environ 400 feux, assez bien bâti et agréablement situé sur trois petites rivières, dont deux prennent leur source à une lieue de distance environ. On montre la source de la troisième, à quelques portées de fusil du bourg. Il est commerçant en huile de navette, de lin, d'œillet, de faîne, de camomille, de chénevi et de noisette. Il renferme 25 moulins à huile, et beaucoup de fabriques de grosses toiles pour voiles; sacs emballages, etc., et point de bureau de poste, malgré tant de titres à en avoir un. Il y a une assez bonne auberge au relais; et un embranchement de communication sur Picquigny. Le principal produit du pays est l'orge et l'avoine. — *Parcouru depuis Paris.* . .   32 ½

---

§ 11 *D'Airaine à Abbeville.* . . . .   4 ½

Même plaine. Vers le milieu de la distance, au haut de la descente qui mène à Pont-Remy, on longe à gauche une butte assez remarquable qui domine toute la contrée. Le sommet porte, dans le pays, le nom de *Camp de César*. On peut se donner le plaisir de voir ce camp romain, en sacrifiant, comme je l'ai fait, un quart-d'heure de son tems. Ceux qui s'y décideront, trouveront sur ce sommet une plate-forme, dont l'étendue ne peut admettre qu'un petit corps d'armée. Vers le nord, où vraisemblablement était dirigée l'attaque, le camp domine et n'est pas retranché; mais il est défendu en partie de ce côté par un bois: il l'est du côté opposé par des retranchemens bien conservés. Les médailles et autres antiquités qu'on y a trouvées, le font avec raison attribuer aux anciens, et la tradition à César, dont le passage par cette contrée est bien constaté. C'est là peut-être qu'il préparait son expédition contre les Bretons.

La descente douce qui conduit à Pont-Rémy, en a remplacé une plus rapide, dont on voit encore la fourche à droite. Pont-Rémy est un village situé au bord de la Somme, qu'on y passe sur deux ponts. Il est entouré, comme tous ceux de la Picardie, d'ombrage

et de verdure. On y laisse à droite une apparence de route : c'est un chemin qui conduit à divers villages situés le long de la
Somme, dont la vallée est extrêmement fraîche et verdoyante. On cotoye à gauche cette
rivière, sans la voir, depuis Pont-Rémy, où
nous venons de la traverser, jusqu'à Abbeville, assez grande, assez forte et assez belle
ville manufacturière de 22 mille habitans,
réduits à 18 mille par la diminution de ses
manufactures. Celle des draps, renommée
longtems dans le commerce, sous le nom de
leur premier fabriquant, Van-Robais, et toujours connus sous le nom plus générique de
draps d'Abbeville, a dégénéré dans les mains
de ses successeurs.

Ville
d'Abbeville.

Après cette manufacture, où la finesse de
la draperie était portée à son plus haut point
de perfection, et dont les atteliers, ainsi que
le beau local, méritent d'être visités, on doit
distinguer celle des calicots, de M. Louis Say
de Paris, puis celle des moquettes de M.
Hecquet d'Orval. Des divers lainages qu'on y
fabriquait autrefois, les kalmouks seuls se sont
maintenus. Les barakans sont absolument
tombés, d'abord par le caprice des modes,
ensuite par l'effet de la guerre avec l'Espagne,

qui en était le principal débouché. Ce débouché vient de lui être rendu par la paix, qui lui rendra sans doute aussi une partie de son ancienne population.

Cette ville comptait autrefois beaucoup de riches négocians et de riches seigneurs, extrêmement réduits aujourd'hui de nombre, comme de fortune, et une grande quantité d'équipages réduits dans la même proportion. Elle a quelques rues larges, et très-peu d'alignées. Presqu'entièrement et fort proprement bâtie en briques, si l'on excepte un petit nombre d'hôtels en pierre de taille, et de vieilles maisons en pans de bois, elle n'a aucun édifice vraiment remarquable.

L'église principale qui se qualifie, suivant Piganiol, *d'église insigne royale et collégiale de St.- Vulfrán*, n'a pour elle que son portail décoré de statues colossales, qu'a épargnées la révolution, et surmonté de deux tours d'un assez bon style gothique. Une troisième, délicatement élancée en forme de colonne, offre le plus haut point de vue de la ville, dont le bâtiment le plus remarquable est l'hospice des Enfans trouvés.

Une seule maison, celle de Shlincourt (place St-.Pierre), mérite l'attention des étrangers,

et cette attention doit se borner à un regard.
Une autre maison, moins remarquable peut-
être, mais plus agréable et plus intéressante
pour les voyageurs, est l'auberge de *l'Europe*,
la plus belle de la ville, et peut-être de la
Picardie : elle est voisine de la porte d'Amiens.

Plus près de la même porte on m'a montré un
haras de 4o chevaux, et, non loin de-là, l'hospice des Enfans trouvés, que nous avons déjà
signalé comme le plus bel édifice public de la
ville : la façade de cet hospice ne se présente
avantageusement que sur le rempart, du haut
duquel on la voit s'élever au bout d'une en-
filade de jardins.

Ce rempart est la promenade de la ville.
Il offre un ombrage continuel et de belles
allées, mais point de belle vue, parce que
les campagnes environnantes, exclusivement
consacrées à la culture du blé, sont aussi
tristes que bornées. La vue serait plus belle
du côté de la Somme ; mais les remparts ne
règnent point jusques-là. Ils sont remplacés
de ce côté par des promenades en forme de
quai, qui s'étendent sur le bras de la Somme
destiné à la navigation ; sur la rive droite de
ce bras, est une fontaine minérale dont les habitans du quartier font usage pour leur bois-

son ordinaire. Un second bras est consacré aux
moulins à bled. Il alimente aussi un très-bel
établissement de bains publics, situé dans
un joli local, et aussi propre que bien tenu.

Abbeville est la patrie des trois plus célèbres géographes du dix-huitième siècle :
Nicolas Samson, Pierre de Val, et Philippe
Briet, d'un des plus estimables médecins du
siècle suivant, Philippe Hecquet, et d'un
des meilleurs poëtes de nos jours, M. Mil-
levoie.

Le premier des trois géographes dont nous
venons de parler, a voulu faire honneur à
sa patrie d'une haute antiquité, en supposant
qu'il a existé une ville sous le nom de *Bri-
tannia*, dans le lieu qu'occupe Abbeville,
dont cependant le nom latin d'*Abbatis villa*,
nous apprend, d'accord avec l'histoire, que
c'était une maison de campagne ou une métairie appartenant à un abbé de St.- Riquier.
Ce fut Hugues Capet qui, en fortifiant cette
métairie, dont il trouvait la situation avan-
tageuse, en fit le commencement d'une ville
de guerre, vers l'an 980, et depuis elle s'est
si fort accrue, qu'après Amiens, c'est la ville
la plus considérable de la province. — *Parcouru depuis Paris* . . . .

Plaine de champs entrecoupée de bois : terre toujours crayeuse. Au bout de la montée d'un quart de lieue, par laquelle on sort d'Abbeville, la route de Calais par Boulogne que nous suivons, se sépare de celle qui passe par St.-Omer. On ne rencontre aucun lieu qui mérite d'être nommé avant Nouvion, village peu considérable lui-même, au bout duquel on longe à gauche le parc du château, qui vient de passer, par alliance de la maison d'Achy, dans celle de Clermont-Tonnerre. La population de Nouvion est de 6 à 7 cents habitans : la plupart des maisons, bâties en terre et couvertes en chaume, sont assez propres malgré cela.

A deux lieues O. de ce village est la ville de St.-Valery, qu'on voit de toutes les parties élevées de la route. Elle est peuplée d'environ 4000 habitans. C'est un port de mer assez commerçant, situé sur la rive gauche, et près de l'embouchure de la Somme, presqu'en face du bourg de Crotoy, situé sur l'autre rive. La marée s'y élève à 12 pieds :

l'entrée en est difficile à cause des bancs de sable. C'est dans ce port que s'embarqua Guillaume le conquérant avec 1100 voiles et 100,000 hommes pour la conquête du royaume d'Angleterre. C'est dans la baye de St.- Valery que vint échouer, il y a quelques années, un énorme cétacée dont ont parlé tous les journaux du tems, et qui a été classé parmi les baleines.

Peu après Nouvion, on longe, pendant quelque tems à droite, l'extrêmité occidentale de la forêt de Crécy, dépendante du bourg de ce nom, dont nous parlerons en décrivant la seconde route de Paris à Calais. La forêt s'étend entre les deux routes, sur une surface de 6 à 7 lieues de tour. Elle fournit, aux habitans d'Abbeville, presque tout·leur bois de chauffage. En longeant cette forêt, on laisse à droite, dans le hameau de Forêt-Montier, un chemin vicinal qui conduit à Etaples, petite ville et port de mer sur la rive droite de la Canche, à 2 l. O. de Montreuil. Le géographe Valois prétend que c'est le *portus Itius* de *César*.

A mi-chemin de Nouvion à Nampon, on trouve le village de Bernay, qui avait naguère un relais, et une lieue plus loin celui de Vron, situés l'un et l'autre, comme Nampont, dans un petit vallon, suivi d'une petite côte à gravir. La route, jusqu'à Montreuil, est coupée ainsi de petits vallons et de petites collines. Entre Bernay et Vron, une belle avenue à gauche conduit au château d'Arry, qu'on voit à peine au milieu des arbres dont il est entouré.

Plus loin, du même côté, brille le clocher de Rue; petite ville dégénérée. Elle fut donnée par Philippe Auguste à sa sœur Alix, en la mariant au comte de Ponthieu. Nampont est un village aussi peu considérable que Nouvion, et divisé en deux parties : c'est dans la première qu'on relaie. On y trouve une auberge passable.

La petite rivière d'Authie, qu'on traverse entre les deux Namponts, sépare les deux départemens de la Somme et du Pas-de-Calais. Vers le milieu de la distance de Nampont à Montreuil, on trouve le village long et agreste de Wailly, dont on laisse le château à droite.

Montreuil est une ville de 4000 habitans, chef-lieu de sous-préfecture, et une place de guerre de deuxième classe. Comme ville, elle n'a ni commerce, ni activité, ni rien d'inté-

3

ressant. La place par laquelle on y entre
est dépourvue de régularité, et plus grande
que belle : la rue qu'on parcourt ensuite est
large et assez belle, malgré ses longues sui-
nuosités. Toute la ville est bâtie en brique.

Comme place de guerre, elle était assez
forte, lorsque ses remparts étaient en bon
état ; mais négligés depuis long-tems ; ils sont
sur le point de tomber tout-à-fait en ruine,
si la restauration, qui en a été ordonnée depuis peu, ne s'effectue bientôt. La citadelle
n'est pas ce qu'il y a de moins délabré. Elle
offre, du haut de ses remparts, une belle vue
sur les côtes de la mer et sur les dunes, sur
la vallée verdoyante de la Canche, et sur son
embouchure, qu'on distingue avec peine, une
lieue au-delà du port d'Etaples, dont on vient
de parler, et qui est lui-même à deux lieues
de Montreuil. Ainsi *Montreuil-sur-mer*, qu'on
croirait, d'après son surnom, baigné par l'O-
céan, en est à trois lieues. Ce surnom ne peut
s'expliquer que par la marée qui monte dans
la Canche jusques sous les murs de cette ville,
mais elle ne s'y élève que d'un ou deux pieds.

Montreuil est le premier endroit de cette
route où j'ai remarqué l'usage septentrional
de répandre du sablon sur les planchers et

les parquets, pour les maintenir secs et pro-
pres. — *Parcouru depuis Paris.* . . . .

Après être sorti des fortifications, on traverse la Canche sur un pont de pierre, ensuite, par une large rue, le faubourg de Laneuville. L'embranchement, qu'on laisse à
gauche au bout d'un quart de lieue, conduit
à Etaples. A mi-chemin du premier relais, on
parcourt, pendant une demi-lieue, la forêt de
Longvilliers et; pendant toute la distance,
un pays toujours crayeux. Cormont est une
ferme isolée qui réunit à une auberge propre, un relais des mieux montés de France.

Rien de remarquable entre Cormont et Samer, bourg de 1500 habitans, qui a un bureau de poste et une grande place assez belle,
quoique très-irrégulière. Le pays commence
à prendre le caractère montagneux qui distingue le Boulonais. La craie ne se montre plus
guère que sur les collines; elle paraît dégé-
nérer en marne. Les collines paraissent elles-
mêmes s'exhausser après Samer, sans cesser

de s'arrondir en dos d'âne, et sans que la plus haute ait au-delà de cinquante toises d'élévation au-dessus de l'océan. On voit devant soi, à une lieue de distance, le beau château de Carly, dont on va cotoyer le parc. Une lieue plus loin on longe successivement à droite, la grille des deux châteaux d'Hesdin-l'Abbé et d'Hermeringue, peu avant le pont de brique, joli hameau, où l'on remarque un autre château, le plus beau de tous, appartenant à M. de Clocheville : on en longe la grille à gauche. Le chemin d'Etaples à Boulogne vient s'embrancher avec la grande route au Pont de brique. Le sol a changé de nature ; la craie a disparu totalement : le grès a pris sa place : on l'extrait à une lieue de Boulogne.

Ville de Boulogne.

Cette ville est divisée en haute et basse : la première est bien bâtie et assez bien percée ; la seconde, très-bien percée, est assez bien bâtie en pierres non taillées, mais équarries, et placées par assises égales, à la manière des anciens. C'est par cette dernière partie qu'arrivent les voyageurs ; ils y trouvent, avec la poste aux chevaux, beaucoup d'auberges et de cafés, des bains publics et autres établissemens formés dans cette ville,

lorsqu'elle devint un moment le quartier général, le chantier, l'arsenal, et le point d'embarquement de l'armée destinée contre l'Angleterre. Cette partie renferme encore un bel
hôpital. Une rue principale conduit au port,
en longeant la petite rivière de Liane, dont le
large lit à fond vaseux, n'est sillonné que par
un filet d'eau, quand la marée l'abandonne.

C'est l'embouchûre de cette rivière, remplie deux fois le jour par la mer et deux fois
laissée à sec, qui forme le port de Boulogne;
les vaisseaux y restent couchés sur l'un ou
l'autre flanc et enfoncés dans la vase, jusqu'à ce que la marée montante vienne les
remettre à flot. Ce port a été agrandi et embelli par Napoléon, à qui la ville doit, avec
deux beaux ponts en bois, dont un est joint
à une écluse, deux larges bassins, dont un
seul serait aujourd'hui bien suffisant; le second
sera plus nuisible qu'utile par la dispendieuse
nécessité ou de l'entretenir ou de le combler.

Un assez long et assez beau quai vient de
s'allonger et de s'embellir encore, depuis
l'agrandissement de cette partie, qui n'est,
à proprement parler, ou du moins n'a
été dans l'origine, que le faubourg de la
ville haute; mais l'accessoire l'emporte tellement aujourd'hui sur le principal, que la

ville basse, où est le port, renferme, avec tout le commerce et toute l'activité, les trois quarts de la population totale, qui est d'environ 12,000 habitans.

La ville haute, où est placé le bureau de la poste aux lettres, est presque entièrement peuplée de rentiers et de nobles. Elevée sur une butte qui domine la ville basse, elle est dominée elle-même par des collines de tous les autres côtés. On en fait le tour en douze minutes, sur un rempart plus agréable, par sa promenade aérée et son ombrage, qu'utile pour la défense. Du côté de l'ouest, il offre une belle perspective maritime; on y découvre parfaitement les côtés d'Angleterre, lorsque la brume ne les cache pas, ce qui arrive assez souvent.

On jouit mieux de cette vue, du haut du plateau qui s'étend entre la mer, la ville haute et la ville basse. Ce plateau était un camp au temps du projet de descente en Angleterre. Le port de Boulogne devenait un port militaire important : les bateaux plats, les chaloupes canonnières s'y construisaient, en présence des flottes anglaises, avec la même activité que si le projet eût dû s'exécuter réellement. A deux premiers forts, dont un, celui d'Ambleteuse, est éloigné d'une lieue, en ont été ajoutés deux autres,

le fort en bois qui est au milieu de la rade :
à une longue jettée, construite à l'entrée du
port, du côté de la ville, en a été ajoutée une·
seconde de l'autre côté. Enfin, si Boulogne
a perdu, par la longue durée d'une guérre
désastreuse tous ses vaisseaux, comme les autres villes maritimes, elle y a gagné du moins
un meilleur port, puisque les bâtimens y
entrent aujourd'hui plus commodément, et
qu'au moyen du double bassin dont nous
avons déjà parlé, ils y sont toujours à flot.
Mais un malheur irréparable pour cette ville
est son agrandissement éphémère ; qui a donné lieu à beaucoup de constructions et d'établissemens, devenus inutiles entre les mains
de leurs propriétaires.

La ville de Boulogne a deux foires an-
nuelles, l'une de dix-huit jours, commen-
çant le 11 novembre, l'autre de huit jours, com-
mençant le 8 juillet. Son principal commerce
consiste en poisson frais et salé, surtout en
harengs et maquereaux, en grains, en charbon
de terre, en vins et eaux-de-vie, en thé, en
cuir d'Irlande, etc. On mange d'excellent
pain dans cette ville, mais on y boit d'assez
mauvaise eau, dans la partie basse, où l'on
respire aussi un assez mauvais air.

C'est, après le Pas-de-Calais, le passage le
plus court et le plus facile de France en Angleterre : il abrège même la route, à moins
que la mer ou le vent ne soient contraires,
ce qui arrive aussi fréquemment à ce port,
que rarement à celui de Calais. » Boulogne,
dit Piganiol, est une ville plus guerrière qué
» savante »; il aurait pu ajouter : et plus commerçante que guerrière; il ne connaît, dit-
il, d'autre savant à citer que le père *Mi-
chel le Quien.* Le fameux armateur Thurot
n'est pas mentionné dans sa description,
parce qu'il n'était pas encore parvenu à la célébrité qu'il s'acquit depuis par diverses expéditions maritimes, surtout par sa descente en
Irlande qui lui coûta la vie en 1760.

Il y a dans cette ville, un sous-préfet civil, un sous-préfet maritime, un tribunal de
première instance, et un tribunal de commerce. La ville haute et la ville basse n'ont
qu'une paroisse chacune.

Boulogne a pris la place sous le nom de
Bononia de l'ancienne *Gessoriacum,* capitale
des *Morini.* C'est dans ce port que l'auteur
de l'Essai historique de Boulogne, place le
trait de folie attribué à Caligula, d'avoir fait
ramasser, à ses soldats, des coquillages, en

leur disant que c'était les dépouilles de l'océan dont il fallait orner le capitole : le père Montfaucon est du même avis.

Cette ville a été assiégée par Constance Chlore, saccagée par les Normands, et prise par Henri VIII, roi d'Angleterre, le 14 septembre 1544. Édouard VI la rendit le 24 mars 1550.

Elle a conservé longtems un beau reste de son ancienneté : c'est la tour *d'Ordre*, dont le nom dérivait par corruption de *Turris ardens*, à cause d'un fanal qui brûlait sans cesse au sommet. Le tems et la mer l'ont tellement détruit, qu'on n'en reconnait plus aujourd'hui que la place. Cette tour paraît avoir été bâtie par l'empereur Caligula, dans le tems qu'il était à Boulogne. — *Parcouru depuis Paris.* . . . . lieues. 56

De Boulogne à Marquise. . . . . 3 ½

On longe à gauche la ville haute, après avoir gravi au départ du relais, une forte rampe qui monte directement, à moins qu'on ne tourne par la ville basse, d'où l'on a, pour monter, une pente moins rapide.

À deux portées de balle au-delà de cette ville haute, et à gauche de la route, on remarque un des monumens par lesquels Napoléon cherchait à éterniser sa mémoire. C'est une colonne de marbre gris, dont le diamètre est de 13 pieds; elle n'est parvenue qu'à la moitié de sa hauteur, qui devait être de 150 pieds. Les matériaux sont sur place. Il nous paraît digne du règne des Bourbons de ne pas laisser imparfait ce superbe ouvrage, qu'il eut été plus sage sans doute de ne pas commencer; mais puisque les frais principaux en sont faits, le moyen qu'ils ne soient pas perdus est de mener l'entreprise à fin, en lui donnant une autre destination, telle par exemple que de consacrer le souvenir du débarquement de Louis XVIII dans le port de Boulogne, à son retour en France.

On ne tarde pas à découvrir les côtes d'Angleterre comme une longue bordure blanchâtre, qui tranche également avec l'azur de l'océan et avec celui du ciel. Cette bordure qui ressemble par fois à une chaîne de montagnes couverte de neige, décèle de loin la nature crayeuse de la côte. On la découvre également de toutes les hauteurs de la route. Au bout d'une lieue, dans le village de Wimille, on laisse à gauche le chemin d'Ambleteuse, ancienne ville et ancien port, où débarqua, en 1688, le roi détrôné

Jacques II. Cette ville est réduite à une simple bourgade d'une soixantaine de maisons, et le port est presque comblé par les dunes. Je lis, dans le dictionnaire de la Martinière, que l'air en est sain, et j'apprends au contraire dans le pays que le mauvais air a contribué autant à sa dépopulation que les sables qui ont encombré son port. Ce n'est plus qu'une plage aride, sur laquelle on voit çà et là quelques habitations éparses.

Ce port, d'après les intentions de Napoléon, devant contribuer aussi à la descente en Angleterre, avait été en partie restauré, aussi bien que celui de Vimereux, encore plus petit, situé sur la rivière du même nom, à une petite lieue sud d'Ambleteuse. Mais ils ont été de nouveau abandonnés l'un et l'autre, avec le chimérique projet d'invasion qui les avait fait ressortir un moment de leurs ruines.

Le port de Vimereux est au nombre de ceux qui se disputent l'honneur d'avoir été le point de d'embarquement de Jules César, pour son expédition d'Angleterre. Celui de Wissant, situé deux lieues plus loin et pareillement encombré de sable, paraît réunir plus de titres qu'aucun autre. César donna l'ordre de rassembler la flotte dans le port *Itius* d'où il avait reconnu que le trajet était le plus commode, n'étant éloigné de l'île que d'environ 30,000 pas. Wissant s'appelait *Isser* au commencement du dernier siècle : ce nom paraît venir par corruption d'Itius, et cette étymologie, jointe à la position indiquée par Jules César, est une double probabilité qui fait présumer que le port de Wissant est véritablement le *Portus Itius* de César.

Wimille, que nous avons quitté pour explorer un moment la côte où s'est embarqué César, est un village situé au fond d'un étroit vallon, entre deux côtes rapides, dont il faut descendre l'une, en arrivant, et gravir l'autre en partant. Dans le cimetière de ce village, un monument et une épitaphe ont consacré l'infortune de l'aéronaute Pilâtre de Rosier, qui y tomba avec son ballon, consumé par les flammes, en voulant passer, par un vent qui lui sembla favorable, de Calais en Angleterre, comme Blanchard avait passé de Douvres en France.

La contrée, devenue montagneuse avant Boulogne, ne l'est pas moins après ; elle devient en outre décidément calcaire, et présente un assez triste aspect. Marquise est un bourg de 1800 habitans. La route n'én traverse que l'extrémité occidentale ; il y a un bureau de poste et une auberge au relais. A une lieue vers l'est on peut voir les carrières de marbre gris qui ont fourni les matériaux de la colonne de Boulogne, et une demi-lieue plus loin, même direction, en inclinant un peu sur la droite, des mines de charbon de terre dont la qualité est médiocre. Marquise est à la même distance d'Ambleteuse que de Wissant, et cette distance est d'environ deux lieues. — *Parcouru depuis Paris.* . . . . 59 ½

Même nature de contrée montagneuse et calcaire, mais plus triste, plus dépouillée, plus infertile. Le Haut Buisson est une ferme isolée qui ressemble à un château. De ce relais, on descend presque sans discontinuer jusqu'au fort Nieulai, qu'on longe à gauche une demi-lieue avant d'arriver à Calais : un étang borde la route du côté opposé. L'uniforme plaine qu'on a sous les yeux, en face et sur

la droite, ne présente pas une vue agréable.
A gauche on aperçoit de temps en temps la
côte d'Angleterre. L'intervalle que sépare le
fort de la ville de Calais se partage entre une
plage couverte de cailloux et un bassin couvert
de prairies. Les prairies séparées de la plage
par le canal de St.-Omer, s'étendent jusqu'aux fossés de la ville.

Elle m'a paru s'annoncer de loin comme
une ville anglaise, par la fumée et l'odeur
du charbon de terre qu'elle répand, combus-
tible qui naguères relégué dans les cuisines
et les forges, s'est emparé aujourd'hui des
salons.

On ne s'introduit dans cette place forte
qu'après avoir franchi quatre ou cinq portes
ou pont-levis. Le faubourg par lequel on arrive, composé d'une longue et très-large rue,
est ce qu'on nomme *la ville basse*, sans qu'il
soit plus bas cependant que la ville même,
nommée par opposition, et avec tout aussi
peu de fondement, *ville haute*.

Cette ville haute, qui constitue véritablement Calais, est loin d'être ni haute ni
montueuse : le sol au contraire à-peu-près
de niveau avec la plage, ne s'élève pas au-
dessus du port ni de la levée qui lui sert de

mole. La dernière des portes qu'on franchit
en y entrant, a été construite en 1635, sous
le ministère et les auspices du cardinal de
Richelieu ; c'est le meilleur morceau d'architecture qu'offre cette ville. Les rues sont
assez larges et la plupart alignées, les maisons assez bien bâties, toutes en brique jaune,
ordinairement recouverte de chaux ou de
mortier.

La place d'armes est grande et bordée de
bâtimens propres, parmi lesquels l'hôtel-de-
ville se fait peu remarquer. On y conserve
la nacelle aérienne dans laquelle Blanchard
arriva de Douvres à Calais. Le béfroi qui en
dépend est une tour d'une architecture assez
délicate. La tour du Guet qu'on cite comme
bâtie par les Romains, n'offre aucuns des caractères de l'architeture antique. La maison
de Guise, qui est citée aussi, ne mérite pas
davantage de l'être, si ce n'est en ce que
Henri IV y a couché.

L'église paroissiale n'est digne de curiosité
que par son maître-autel, exécuté en marbre
d'Italie et orné de dix-huit statues du même
marbre, genre de richesse qui aurait de quoi
étonner dans cette partie de la France, si
l'on n'apprenait que c'est le produit de la

eargaison d'un vaisseau gênois échoué devant
Calais au commencement du dix-septième
siècle. Le tableau qui décore ce maître-autel
est attribué au célèbre Van-Dyck, et le clocher de l'église aux Anglais.

La plus belle maison de la ville est la fameuse auberge connue sous le nom d'Hôtel-
Dessein, et tenue aujourd'hui par MM. Quil-
lac et Duplessis, qui, après quinze ans de
stagnation, l'ont remise sur le pied brillant
où elle était avant la révolution. C'est un
immense bâtiment où se trouvent réunis, avec
toutes les ressources d'une auberge, tous les
genres d'agrément que peut offrir une ville
à des voyageurs, notamment la poste aux
chevaux, des bains publics, une salle de
spectacle, un superbe jardin, etc.

Le mérite particulier de cet hôtel re-
nommé dans toute l'Europe, ne détruit pas
celui des autres auberges de Calais, dont
plusieurs sont encore fort bonnes.

Cette ville presqu'abandonnée des voyageurs étrangers et nationaux, depuis que les
uns n'y pouvaient plus arriver, que les autres
n'y avaient plus rien à faire, l'était aussi du
gouvernement, qui en négligeait les fortifications aussi bien que celles de la citadelle.

Les remparts de la ville sont plantés d'arbres et forment de belles promenades, moins fréquentées cependant que celle qu'offre aux amateurs des vues maritimes, l'étroite et longue jetée qui règne sur la droite du port. On y distingue, quand il fait beau, sinon la ville, du moins le château de Douvres. La première partie de cette jetée est en pierre de taille et le reste en bois. Cette dernière partie a tout au plus une toise de large, s'il m'en souvient bien. Je m'étonne que la foule de promeneurs qu'y attire souvent la curiosité n'y donne pas lieu à de fréquens accidens. On a eu beau m'assurer que jamais personne n'a été précipité dans la mer par le défaut de garde-foux, il n'en est pas moins vrai que la moindre poussée ou la moindre secousse peut causer ce malheur; et s'il n'est jamais arrivé, c'est une espèce de miracle qui étonnera toujours les étrangers. Quant à moi qui m'y suis trouvé au débarquement de premiers Anglais arrivant à la seule nouvelle d'une prochaine paix, j'avoue que sans cesse bousculé, sans cesse pressé contre des bords qui ne m'offraient pour toute garantie qu'une poutre posée longitudinalement et haute d'environ un pied, j'étais

4

continuellement en garde contre un danger trop réel, tout rare qu'il est, et je soutiens même aux habitans qu'il n'y a que la force de l'habitude qui ait pu le leur faire méconnaître à eux-mêmes.

Une jetée parallèle à celle-là s'avance de l'autre côté du port dans la rade ou plutôt dans la mer; car il n'y a pas, à proprement parler, de rade à Calais. A chaque bout de cette jetée est un fort, dont le dernier, bâti en bois dans la mer même, a pour fondation une charpente très-compliquée, qui doit être aussi très-solide pour résister à l'impétuosité des vagues. Cette dernière jetée, en partie encombrée, est rendue presqu'impraticable par les sables des dunes qui la bordent sur la gauche, comme elle borde elle-même le port et le chenal sur la droite.

On arrive à la première jetée par le port, et au port par deux portes si voisines l'une de l'autre, qu'il n'y en a jamais qu'une seule d'ouverte; c'est la plus simplement construite des deux : la seconde toujours fermée offre quelques ornemens d'architecture; une troisième ouverte sur la droite conduit au Courgain, espèce de faubourg fortifié : c'est un ancien bastion, abandonné en 1623 aux

marins , dont les habitations étaient auparavant placées le long des quais.

Ces quais n'ont rien de beau et ne doivent leur intérêt qu'à l'activité du port. Ils
commençaient à la reprendre sous mes yeux
en 1814, aux seules approches de la paix ,
avant même la conclusion du traité de Paris.
Déjà tous les navires qui avaient résisté au
repos long et destructeur de plus de douze
ans de guerre , se radoubaient de tous les
côtés. Les coups de marteau et de coignée
retentissant au loin sur le rivage , portaient
l'espérance et la joie dans tous les cœurs, et
semblaient être les annonces de la paix dont
l'aurore brillait d'avance sur l'horizon des
mers. Plus de cent bâtimens pris par les
corsaires se dégageaient à grands frais de la
vase où ils étaient enfoncés depuis plus ou
moins d'années. J'ai vu les premiers travaux :
ils consistaient à déchausser la quille des navires enfouis, en enlevant cette vase noire et
fétide dans laquelle de laborieux et robustes
ouvriers ne craignaient pas de s'enfoncer jusqu'à mi-jambe, quelquefois jusqu'à mi-corps.

Il y a des villes, comme des hommes, qui
ne vivent que de guerre : Calais ne vit que
de paix. Son port, à la différence du temple

de Janus qui ne s'ouvrait que pendant la guerre, est fermé aussitôt que Bellone a souflé le venin de la discorde entre Paris et Londres, pour ne se rouvrir que lorsque le temple de Janus est lui-même fermé. Il reçoit un double mouvement du commerce d'importation et d'exportation qui s'y fait, et du passage fréquent qui a lieu de France en Angleterre et d'Angleterre en France, tant par les embarcations particulières, que par le paquebot qui va tous les lundis, mercredis, vendredis et samedis de Calais à Douvres et de Douvres à Calais.

Le commerce de Calais consiste en sel, en vins et eaux-de-vie de Bordeaux, de la Rochelle et d'Espagne, en chargemens de bois du nord, et dans la pêche du hareng et autres poissons. Il y a trois foires de huit jours, savoir le 7 janvier, le 15 mai et le 9 octobre; la plus considérable est la dernière, par la grande quantité de chevaux et poulains qui s'y vendent : elles se tiennent à la basse ville, et jouissent toutes trois du privilège que, pendant leur durée, on ne peut arrêter personne pour dettes. Il y a aussi deux marchés par semaine, le mercredi et le samedi.

Pour tout décrire, il faut tout voir; c'est

dans les marchés que j'aime à observer les costumes, les mœurs et les productions particulières à chaque pays. Ceux de Calais ne m'ont offert d'autre objet de remarque que la manière dont on y apporte le lait; ce n'est point dans des pots, mais dans des seaux ou vases de bois, suspendus à un jong placé sur les épaules. On voit bien que la fable de la Laitière et du Pot au lait n'a point été faite dans cette ville. Ces vases de bois plaisent à la vue par leur blancheur et leur propreté; cette blancheur et cette propreté se retrou-vent dans presque toutes nos villes septen-trionales, aussi bien que cette manière de porter le lait, ainsi que l'eau.

Il n'y a point de fontaines publiques à Ca-lais, mais seulement des citernes, dont quel-ques-unes sont citées par les géographes et méritent d'être vues.

Une particularité qui fixe l'attention des étrangers dans cette ville, est la manière dont les boulangers annoncent les petits pains chauds sortant du four, à l'heure du déjeûner : ils se placent sur la porte de leur boutique et se mettent à corner à deux ou trois reprises, pendant quelques minutes, à-peu-près comme les vachers de nos villages annoncent leur départ, pour rassembler les vaches des divers propriétaires.

Une autre particularité m'a étonné et en même-temps charmé à Calais : c'est d'y voir des Anglais et des Anglaises s'approvisionner de verres, de fayënce, et de divers autres objets que nous autres Français nous allons acheter chez eux ; puisque nous avons cette manie d'aller chercher ailleurs ce que nous avons chez nous, il est bien juste et en même-temps bien heureux que cette manie soit réciproque.

La ville de Calais est peuplée de 7000 âmes, non compris la ville basse qui en renferme 12 à 1300 ; il y a une Sous-Préfecture, un Préfet de police, et un Tribunal de commerce.

Les mœurs des Calésiens sont généralement douces et pacifiques, peut-être à cause du besoin continuel qu'ils ont de la paix ; ils sont surtout très-accueillans envers les étrangers. On peut rappeler à leur louange que le féroce Lebon fut obligé de renoncer au projet d'établir un tribunal révolutionnaire dans cette ville, parce qu'il ne pût y trouver un seul juge ni un seul dénonciateur.

L'aménité des mœurs n'est pas la fai-

blesse de caractère : les habitans de Calais l'ont prouvé par leur vigoureuse résistance, lors du siège célèbre qu'ils ont
soutenu en 1347, contre Édouard III ,
roi d'Angleterre, qui ne put s'en rendre
maître que par famine, au bout d'onze mois.
Ce prince, irrité de la longue résistance des
assiégés, ne voulait point les recevoir à com-
position si on ne lui livrait six des principaux habitans, pour être pendus. Eustache
de St.-Pierre s'offrit pour première victime;
à son exemple, d'autres se présentèrent, et
le nombre fut bientôt rempli. On ne connaît
le nom que de trois autres victimes, mention-
nées même de très-peu d'auteurs : ce sont Jean
d'Aire, Jacques et Pierre de Wissant. L'histoire ingrate a oublié le nom des deux dernières, d'autant plus à regretter pour cette
ville, que ces six héros sont les seuls grands
hommes qu'elle ait à citer : ils se présentèrent nus, en chemise, et la corde au col.
Édouard allait les faire pendre, les larmes de
la reine le fléchirent, il fit grâce, et
Eustache devint par la suite son homme
de confiance.

Cette ville resta au pouvoir des Anglais,
pendant plus de deux siècles, depuis 1347

jusqu'à 1558, qu'elle fut reprise par le Duc de Guise, sous le règne de Henri II.

Calais n'était qu'un village, lorsque Philippe de France, fils de Philippe-Auguste le métamorphosa en ville, en le faisant fermer de murailles; M. de l'Epinoy, ancien maire, et l'un des plus recommandables habitans de cette ville, lui donne une bien plus haute origine, en attribuant sa fondation aux Calètes ou Cauchois, qui vinrent, selon les Commentaires de César, aider les Morins à se défendre contre les Romains, et fondèrent dans ce pays une colonie à laquelle ils donnèrent leur nom.

C'est à Calais que finissent les côtes crayeuses qui règnent depuis l'embouchure de la Seine, sans autre interruption qu'un intervalle de deux ou trois lieues dans le Boulonnais, dont les falaises sont gréseuses et calcaires.

Passé Calais il n'y a plus de falaises, mais seulement des dunes et des plages basses qui règnent jusqu'en Hollande et même tout le long de la Baltique jusqu'à Pétersbourg, si j'en crois les voyageurs et navigateurs que j'ai consultés à cet égard.

Les côtes d'Angleterre que nous avons vues pareillement crayeuses, semblent indiquer,

par cette idendité de nature , une ancienne
contiguité avec le continent.

Le trajet de Calais à Douvres est de sept
lieues. Les opérations faites en 1681, par MM.
Picard et la Hire, savans astronomes, déter-
minèrent la distance entre les pointes du
bastion de Risban et le château de Douvres
à 21,360 toises , ce qui répond à sept lieues
(mesure de Paris)

Le point de la côte de France qui s'a-
vance le plus dans le pas de Calais, n'est
pas Calais même , comme on pourrait le
croire, mais bien la pointe ou cap de
Grinez, entre Wissant et Ambleteuse; cependant le point de la même côte, le
plus voisin de celle d'Angleterre , n'est pas
non plus ce promontoire, mais bien celui de
Blanc-nez entre Wissant et Calais, comme aussi
le point le plus avancé de la côte anglaise
n'est pas Douvres, mais bien la pointe de Cliff.

Le trajet de Calais à Douvres dure ordinairement de trois à quatre heures. C'est à-peu-
près une heure de moins lorsqu'au passage
de Boulogne. Nous avons déjà dit que cette
dernière traversée est souvent contrariée
par les vents , ce qui fait que la plupart des
passagers aiment mieux parcourir quelques

lieues de plus par terre en poussant jusqu'à
Calais où l'on peut s'embarquer et débarquer,
par tous les vents et par toutes les marées,
que de courir les chances du passage de Boulogne.

DEUXIÈME ROUTE

DE PARIS A CALAIS,

Par Beauvais, Amiens, Abbeville et St.-Omer.

71 lieues et demie.

Après avoir quitté, par une montée assez douce, au sortir de Beauvais, la vallée de l'Oise, on se trouve dans des plaines crayeuses, cultivées en blé, parsemées de pommiers et de poiriers et médiocrement fertiles. Au bout d'une demi-lieue, on longe à gauche une jolie maison de campagne, connue sous le nom de *la Folie*, et au bout de trois lieues, on trouve le village de

Tillé. Celui de Noiremont qu'on longe ensuite à droite n'a d'autre maison sur la route que celle de la poste et une auberge. Passé ce village, on ne trouve plus jusqu'à Breteuil que des hameaux, dont le principal est Froissy. *(V. pour la description de Breteuil et du reste de la route, jusques et compris Amiens, celle de Paris à Dunkerque.) — Parcouru depuis Paris jusqu'à Amiens*. 3

lie

§ 12 *D'Amiens à Picquigny*. . . . .

La route dominée à gauche par la plaine dont elle, longe sans cesse le talus, longe et domine elle-même à droite la vallée de la Somme; on ne voit cette rivière qu'après le village de Dreuille, situé à-peu-près au milieu de la distance. Vers les deux tiers on traverse celui d'Ailly-sur-Somme et une demi-lieue plus loin celui de Breilly. Tous ou presque tous les toits sont en chaume. L'industrie des habitans se partage entre la fabrication des objets destinés pour les manufactures d'Amiens et l'extraction des tourbes qui sont la richesse de la vallée de la Somme ; mais ce genre d'exploitation la rend peu agréable à la vue. Les nombreuses tranchées, souvent remplies d'eau, qui résultent des fouilles, lui donnent un air de dévastation et de marécage qui détruit tout le charme de la verdure dont elle est généralement tapissée.

Picquigny est un chef-lieu de canton et un bourg de douze cens habitans avec bureau de poste. Les géographes le qualifient de petite ville, plutôt par le souvenir de ce qu'il fut autrefois que par ce qu'il est aujourd'hui. Son église paroissiale, et collégiale à-la-fois, avait un chapitre composé de huit chanoines. Son château mentionné par madame de Sévigné et appartenant jadis au duc de Chaulnes, est détruit : il n'en reste plus que de superbes terrasses, qui dominent le bourg du côté du S.-O., et du haut desquelles on a une vue aussi belle que peuvent l'offrir les plaines crayeuses de la Picardie et les prairies exploitées en tourbières de la vallée de la Somme.

Picquigny est connu dans l'histoire par une entrevue de Louis XI Roi de France avec Édouard, roi d'Angleterre, et par la mort de Guillaume de Normandie, dit Longue-Épée, qui y fut assassiné.

A une demi-lieue de ce bourg est un ancien camp attribué à César et assez bien conservé.

Une route vicinale conduit de Picquigny à Airaine. *Parcouru depuis Paris.* . . . . .

---

§ 13 *De Picquigny à Flixecourt.* . . . .

Trajet de la Somme au départ sur un beau pont de pierre, dont on a rompu une arche, lorsque les alliés s'étaient emparés de Doulens en 1814 : au bout d'un quart de lieue hameau de la chaussée, un quart de lieue plus loin, village du Belloi, où on longe deux châteaux l'un à droite, l'autre à gauche. On passe ensuite à un quart de lieue de l'abbaye du Gard, située sur l'autre rive de la Somme. C'était un riche et très-beau couvent de Bernardins. Peu après on quitte la vallée de la Somme, toujours verdoyante, mais toujours fouillée par les nombreuses extractions de tourbe, et l'on s'élève sur la plaine qui la borde du côté du N. - O. La culture principale est en chanvre, surtout dans la vallée.

Flixecourt est un grand village qui renferme 13 à 1,400 habitans et un bureau de poste. A trois quarts du lieue O., près de celui de l'Étoile, on voit un autre *camp de César*, très-bien conservé. Tous les anciens camps retranchés portent ce nom, quand on n'en connaît pas l'origine.

lieues.

Parcouru depuis Paris 36

Même nature de pays. Vers le milieu de la distance, dans un fond et un site pittoresque, on trouve le très-petit village de Mouflers, où l'on remarque à droite une belle et grande auberge. La route y arrive par une descente et en ressort par une montée également rapides et même assez longues, eu égard à la nature peu montueuse du pays. Avant la descente, on voit, à deux portées de balle à droite, le beau château de Vauchelles, appartenant à M. de..., fils d'un ancien major des Gardes françaises.

Ailly est un village de 150 feux ; *le haut Clocher* dont il tire son surnom, n'est haut que par comparaison avec ceux des autres villages.

La plaine de champs dont se compose la dernière distance est sans intérêt. Le hameau de Bellencourt coupe la route en deux parties presqu'égales. (*V. pour la description d'Abbeville, la première route de Paris à Calais.*) — *Parcouru depuis Paris* . . . . . 41 ½

Les deux routes que nous avons vu se réunir à Abbeville, se séparent au haut du coteau qu'on gravit en partant. Laissant à gauche la première que nous avons déjà parcourue, nous tournons à droite pour nous diriger, à travers une plaine crayeuse, vers Canchy, village composé de chaumières et entouré d'arbres, comme presque tous ceux de la Picardie. Il y a près de l'église de belles allées qui offrent une agréable promenade : on peut coucher à l'auberge de la poste, en cas de besoin. Après Canchy, le pays devient un peu montueux. Vers le milieu de la distance, on traverse, à une portée de balle l'un de l'autre, les deux villages de Boile et de Labroye, séparés par la rivière d'Authie, qui sépare aussi les départemens de la Somme et du Pas-de-Calais.

A mi-chemin de Canchy à ce double village, où il conviendrait d'établir un relais, on laisse à gauche le chemin de Crécy, bourg situé près de la forêt de ce nom, que nous venons de longer pendant quelque tems, à gauche et à quelques portées de fusil, comme nous l'avons longée à droite sur la première route. Ce bourg est fameux dans l'histoire par la bataille à laquelle il a donné son nom, et qui rappelle aux Français la plus humiliante de leurs défaites, aux Anglais la plus glorieuse de leurs victoires.

A mi-chemin de la Broye à Hesdin, on traverse le village de Regnauville, tellement entouré de bois, qu'il est impossible de dire si c'est un village parsemé d'arbres, ou un bois parsemé de maisons.

Hesdin est une petite ville de guerre très-forte, bien percée et bien bâtie, en brique. On remarque sa jolie place et ses beaux remparts entourés de fossés, que les eaux de la Canche tiennent toujours inondés. Sa population est de 4 à 5,000 habitans, en y comprenant celle de ses quatre faubourgs, qui sont tous à une petite distance des remparts, et ressemblent moins à des faubourgs qu'à des villages.

L'industrie principale et presque unique des habitans, est la bonneterie. Elle fournit au commerce une grande quantité de bas de fil, bien fabriqués, à des prix extrêmement modérés. Le site de cette petite ville, dans la jolie et riche vallée de la Canche, est des

plus agréables : entourée de canaux, de prairies et de chemins ombragés, de jardins,
de vergers et de bosquets, elle ressemble à
un château au milieu de son parc. Ce serait
véritablement un petit Eden, si les eaux
stagnantes des canaux et des fossés, jointes
aux marécages de cette plaine aqueuse, n'im-
prégnaient l'air de miasmes fièvreux. Tous
les environs de cette ville sont des promenades champêtres.

Elle fut fondée en 1554, par Philibert-
Emmanuel, duc de Savoie, général de l'Empereur Charles-Quint, à la place d'un village
nommé le Ménil, et à une lieue des ruines
de l'ancienne ville, que le même Empereur
avait fait raser l'année précédente. Cette ancienne ville est remplacée aujourd'hui par un
simple village, connu sous le nom de *Vieil
Hesdin*. La nouvelle ville fut prise par
Louis XIII, en 1639, et resta à la France
par le traité des Pyrennées, conclu en 1659.
Hesdin est la patrie de l'abbé Hennebert,
auteur de divers ouvrages, entr'autres
d'une Histoire d'Artois, et celle de l'abbé
Prevost, auteur de l'Histoire générale des
Voyages et des Mémoires d'un Homme de
qualité.

On cultive beaucoup le chanvre et le lin dans la vallée de la Canche, et l'on y extrait de l'excellente tourbe à sept ou huit pieds de profondeur, en laissant toute la couche végétale, qu'on replace ensuite dans les creux, de manière à pouvoir remettre de suite le même fond en culture. — *Parcouru depuis Paris.* 49 $\frac{1}{2}$

§. 18. *D'Hesdin à Fruges* 4

La route gravit, en partant, à travers la forêt d'Hesdin, dont le trajet dure près d'une lieue, une côte assez rapide qui conduit sur des plaines crayeuses, peu fertiles et peu variées, jusqu'aux trois quarts de la distance, où l'on trouve le bois et le hameau de Ruissiauville, agréablement bâti autour d'une étoile, qui est le point de réunion de diverses percées de bois.

On arrive à Fruges par une descente extrêmement rapide. Elle continue jusqu'à la place publique, qui offre elle-même un plan très-incliné. A sa grande étendue, on la prendrait pour un champ de foire; mais il ne se tient à Fruges que de faibles marchés de grains. Cette place et les diverses rues qui y aboutissent, forment un bourg de près de 3,000 habitans, livrés à la

fabrication des bas de laine et de coton. On
y fait aussi le commerce des cuirs et des
souliers. — *Parcouru depuis Paris.* . . . .

Campagnes toujours crayeuses, entrecou-
pées de montées et de descentes rapides. Peu
avant le hameau d'Avroult, on traverse le gros
bourg de Faucamberg, remarquable par une
grande place où l'on tenait un marché considérable de grains et de bestiaux, le jour de
mon passage.

Dans cette partie de notre route, la propreté qui distingue les provinces septentrio-
nales commence à se caractériser d'une manière sensible ; mais elle n'est encore qu'extérieure. Les maisons des cultivateurs sont
en général aussi sales en-dedans, que propres
en-dehors. C'est ainsi que la propreté fla-
mande s'allie avec la malpropreté picarde :
elle va croissant à mesure qu'on approche de
la Flandre, comme elle décroît aux yeux du
voyageur qui vient du nord, à mesure qu'il
approche de la Picardie.

Un quart de lieue après Avroult, on m'a

montré ce qu'on appelle la chaussée de Bru-
néhaut; j'ai regretté les soins que j'ai pris
pour voir ce qui n'exite plus. On la trouve
mieux conservée dans d'autres parties; mais
ici on ne distingue que la place où elle fut.
Ce n'est pas la peine pour si peu de chose de
se rappeler le nom d'une si odieuse reine : des
travaux utiles ne réparent pas des crimes
atroces. On sait qu'elle a fait réparer les
chaussées romaines, et qu'elle leur a donné
son nom.

Le pays devient plus plat et plus fertile :
j'ai cru un moment avoir définitivement
franchi la limite des terres à craye qui règnent sans interruption depuis la Seine jusqu'à la Flandre; mais je les ai retrouvées
dans les talus arides et blanchâtres des co-
teaux qui terminent cette plaine. Ils m'ont
conduit dans un charmant vallon arrosé par
la jolie rivière d'Aa , et tapissé de gazons
frais , que bordent et entrecoupent les
haies vives les plus vigoureuses. Au milieu
de ce tapis de verdure sont répandues çà et
là des maisons qui n'ont en général rien de
beau par elles-mêmes, mais elles reçoivent
un charme particulier de leur position. Ces
maisons éparses forment le village de Viserne.

On gravit et redescend, après ce village, par une pente douce, une dernière colline aride et peu élevée, dont le sol est un sable caillouteux entremêlé de craye; le sommet est une lande.

Le revers de cette colline semi-crayeuse, semi-sablonneuse, semi-caillouteuse, s'incline doucement jusqu'aux portes de St-Omer. Il devient très-fertile en approchant de la ville; c'est là qu'on reconnaît la véritable séparation des craies arides qui occupent toute la partie méridionale de l'Artois d'avec les sables limoneux, ou les terres grasses de la partie septentrionale.

Près d'arriver à St-Omer, on laisse à droite un chemin qui mène à Blandecque, village situé à une lieue S. E. de l'embranchement, et connu par ses divers moulins, parmi lesquels on en remarque notamment un destiné à laminer le cuivre et le fer. La route qu'on laisse à droite en entrant dans la ville, est celle d'Arras, chef-lieu du département du Pas-de-Calais, dont Saint-Omer est la deuxième ville, tant par son enceinte de près d'une lieue, que par sa population de près de 20,000 ames, enceinte et population peu inférieures à celles d'Arras. Les principales rues

Ville de St.-Omer.

de St.-Omer sont très-larges, mais toutes
bordées de maisons généralement basses et
inégales de hauteur comme de façade. Les
unes sont en pierres blanches, les autres, et
c'est le plus grand nombre, en brique jaune
ou grise, d'une couleur terne et d'un aspect
peu agréable. Ce n'est pas que la brique
rouge soit inconnue dans le pays, puisque
les remparts et quelques édifices publics en
sont construits, mais la jaune est plus com-
mune, et passe, peut-être mal-à-propos, pour
être plus solide.

Cette ville n'a pas non plus de belles places,
comme Arras : une seule, la place d'armes,
citée par quelques auteurs, n'est pas digne
de l'être; elle n'a d'autre mérite que d'ê-
tre carrée. Sur trois de ses côtés s'élèvent
de petites maisons irrégulières et sans grace,
sur le quatrième, l'Hôtel-de-Ville, qui ne
contribue pas à l'embellir.

Dans une des salles de cet édifice on m'a
fait voir un tableau curieux, qui représente
le siége de la ville, levé par les Français, en
1638. Ce fut un hommage des habitans à leurs
maîtres de ce tems-là pour conserver la mémoire d'un événement qui leur faisait plaisir
alors et flattait leur vanité, comme il leur se-

rait agréable et flatteur aujourd'hui, sans
doute, de voir, en pareil cas, leurs anciens
maîtres repoussés.

Cette ville n'a que quatre portes, dont
deux seulement donnent entrée aux voitures;
savoir : celle par laquelle nous sommes arri-
vés, où aboutissent les deux routes d'Abbeville et d'Arras, et celle par laquelle nous
allons ressortir, où aboutit la route de Calais,
réunie avec celle de Gravelines.

La porte dite de *Dunkerque* ne reçoit que
le canal, qui ne reçoit lui-même que des
barques de moyenne grandeur ; la quatrième,
celle de l'Arsenal, n'est destinée qu'aux gens
de pied.

St.-Omer est à-la-fois sur les deux rivières
de l'Aa et de la Lys, ou sur les diverses
branches du canal qu'elles forment.

Cette ville renfermait deux belles églises
gothiques : la plus belle des deux, celle de
l'abbaye de St.-Bertin, tombe aujourd'hui en
ruines. Les voûtes étaient déjà en partie
écroulées, lors de mon dernier passage en
1814, et l'on n'y pouvait entrer sans danger.
Ainsi les pompeuses descriptions que donnent
de cette église les géographes, ne nous ap-
prennent plus que ce qu'elle fût; nous ne les
répéterons pas ici, nous bornant à rappeler

qu'entr'autres grands personnages qui y ont
été enterrés, on distingue le dernier des
Mérovingiens, Childéric III, qui, confiné dans
l'abbaye de St.-Bertin par Pepin-le-Bref, y
termina, avec des jours sans gloire et sans éner-
gie, les destinées de la première race de nos
rois. Cette abbaye était une des plus riches
et des plus célébres de l'ordre de St.-Benoît.

La cathédrale, autre édifice gothique, mais
moins vaste et moins beau que St.-Bertin,
n'a pas eu le même sort : elle est bien conservée. On remarque dans l'intérieur, 1°. les
boiseries, sur-tout le buffet des orgues, en-
richi de colonnes corinthiennes et de toutes
sortes de figures ; 2°. les balustrades et colon-
nades, en marbre, des chapelles ; 3°. sous une
arcade de la grande nef, le vieux tombeau
de St.-Omer, grossièrement exécuté en pierre,
l'an 695, époque de la mort du saint; 4°. à
côté de la grande porte, une figure colossale
et grotesque, connue sous le nom vulgaire
du *grand dieu de Therouanne*. Elle est
assise sur cette ancienne ville, représentée en
relief, entre deux autres statues d'une moindre proportion et à la place même où elle
fut transférée, après la destruction de Therouanne par Charles-Quint, en 1553.

L'église du Collège se fait remarquer par les deux tours qui couronnent son frontispice, et par sa belle voûte en bois. Cette maison renferme une bibliothèque de 20,000 volumes.

Près de St.-Bertin, dont les ruines doivent obtenir un coup-d'œil et un soupir de l'ami des temples comme de cel ui   un arsenal, et, dans cet arsenal, deux salles d'armes, qui méritent l'attention d'un autre genre d'amateurs.

Dans les jardins qui ont pris la place du couvent, on a établi des bains publics assez mal tenus, à moins qu'ils ne soient aujourd'hui en d'autres mains et sur un meilleur pied que lorsque je m'y suis baigné.

L'industrie commerciale de cette ville, ou du moins la principale, est la fabrication des draps communs et pinchinats. On y fabrique aussi le savon, la colle-forte, les pipes, le papier et des cuirs renommés : elle a deux foires de neuf jours chacunes, l'une au carnaval, l'autre le 29 septembre.

Sa meilleure ressource consistait dans la grande quantité de troupes, et de religieux de tout sexe qu'elle renfermait, amalgame singulier qui a disparu avec les élémens qui

le composaient, car elle a perdu par la révolution sa garnison comme ses couvents. Dans
ses rues désertes et inactives, je n'ai plus
rencontré ni soldats ni moines : ces derniers,
ont été presque aussi nombreux à St.-Omer
qu'un régiment ; on y comptait de 25 à 26
couvents, sans y comprendre le séminaire,
le collège , etc. Sous le nouveau Gouvernement, cette ville recouvrera sans doute sa
garnison.

Le faubourg du Haut-Pont a reçu une
mention particulière de la plupart des géographes, à cause de l'origine de ses habitans,
que les uns font venir de la Saxe, au temps
de Charlemagne (qui envoya par deux fois
des colonies saxones dans cette partie de son
empire), et les autres de la Flandre, au temps
de Baudoin-de-l'Isle, comte de Flandre, qui,
selon ces auteurs, aurait permis à quelques ré-
gimens allemands réformés de s'établir en cet
endroit, avec leurs femmes et leurs enfans,
à la charge de dessécher le terrein sur lequel
ils étaient.

Ce faubourg, situé au nord de la ville,
renferme 12 à 1500 habitans établis le long
des quais et du port qui bordent le canal. La
plupart sont jardiniers, et cultivent les marais que leurs ancêtres ont défrichés entre

St.-Omer et l'abbaye de Clairmarais, située à une petite lieue de cette ville. La belle église et les beaux bâtimens de cette abbaye de Bernardins n'existent plus.

Le desséchement des marais résulte d'une multitude de canaux, tous ou presque tous navigables, qui ramifiés à l'infini, entourent les diverses propriétés et forment un véritable labyrinthe, où nous nous serions vingt fois égarés, sans le *pilote côtier* de ce faubourg, qui conduisait notre barque. Ces canaux sont les seuls chemins par lesquels les cultivateurs arrivent à leurs champs ou jardins, qui sont autant de petites îles. Chaque propriétaire ou fermier a son batelet : nous rencontrions à tout instant de ces petites embarcations, qui avaient pour équipage le pilote et une portion de sa famille ; pour cargaison, les instrumens de jardinage ou de labour ; pour approvisionnement, leurs deux ou trois repas de la journée. Ce précieux territoire, consacré bien moins aux grains qu'aux légumes, et sur-tout aux choux-fleurs, rend en froment 20 pour 1. Le reste des riches environs de St.-Omer ne donne que la moitié de ce produit extraordinaire.

C'est dans les marais et près de l'abbaye de Clairmarais, à une demi-lieue de la ville, qu'existaient les fameuses îles flottantes de St.-Omer. L'anarchie a fait main basse sur les arbres qui les ombrageaient, et pour avoir les arbres on a détruit les îles, que d'ailleurs on ne prend plus soin d'entretenir. Il en existe cependant encore quelques-unes. On m'a conduit à celle qu'on disait la plus belle de toutes. J'ai vu une motte d'une forme à-peu-près circulaire et d'un diamètre de 4 ou 5 pieds, couverte d'herbages très-vigoureux et de quelques arbustes, dont un s'élevait à une certaine hauteur. Elle était adhérente au rivage. Nous avons voulu la détacher, mais elle s'y est refusée obtinément, quoiqu'elle ait éprouvé, par l'effet de la pression de nos pieds, quelques mouvemens de fluctuation. Son adhérence provenait de ce que le canal n'ayant pas été curé depuis quelque temps, la vase s'était élevée jusqu'à la motte flottante qui, privée par là de l'eau nécessaire pour surnager, finira par faire corps avec elle, comme plusieurs autres anciens îlots que nous avons trouvés chemin faisant.

La formation de ces îlots n'est pas un phénomène aussi extraordinaire qu'il le paraît. Nous avons déjà eu occasion de l'observer ailleurs, notamment dans le Dauphiné, près de Gap, où il est compté, sous le nom de *motte tremblante* au nombre des merveilles de cette province, et dans l'Etat romain, où il forme un des objets de curiosité qu'on indique aux voyageurs. Ce sont les *Isole Natanti* d'un des lacs de la *Solfatara*.

On regarde communément les îles flottantes comme le produit ou des plantes aquatiques, ou des ronces et racines détachées des rives, qui, entrelacées ensemble, à l'aide des herbes, feuilles, gramens, etc., forment, par leur décomposition successive, un humus propre à nourrir les végétaux et à supporter non-seulement le poids, mais même le balancement des arbres. Dans un lac environné d'une terre meuble, sujette à être délayée par le contact de l'eau, une île peut se former aussi par l'érosion des vagues, qui enlèvent, aux rives, la couche inférieure du terrein, tandis que la superficie reste intacte et solide, tant par son élévation qui la met à l'abri de l'action des eaux, que par la cohésion que lui donnent les nombreuses racines des végétaux dont elle est couverte. Quand cette superficie progressivement déchaussée se trouve sans appui, par la retraite ou la dissolution des couches inférieures, elle finit par s'affaiser ou s'écrouler dans l'eau, qui l'entraîne ensuite par ses fluctuations vers le milieu du lac. Pour peu que la curiosité d'un propriétaire veuille seconder cette opération de la nature, on sent qu'il suffit de quelques coups de bêche pour achever de former une île, quand la motte adhère encore au rivage. Telle est, ou du moins telle m'a paru, la nature des îles flottantes de St.-Omer.

Pour y entrer, on les tirait vers le rivage, d'où l'on s'éloignait ensuite autant qu'on voulait, en les faisant aller de côté et d'autre, à peu près de la même manière qu'on conduit un bateau. On les approchait également du rivage pour y mettre du bétail à la pâture, dans les épais et vigoureux herbages dont elles sont garnies.

Les habitans de St.-Omer sont en général plus agriculteurs que commerçants. La fertilité du sol leur indique la culture de leurs terres comme la meilleure des industries. On trouve chez eux à-peu-près les mêmes usages qu'à Calais, celui de couvrir de sablon les parquets et les carreaux, celui de porter l'eau et le lait dans des sceaux suspendus à des jougs adaptés sur les épaules, celui de corner pour annoncer les petits pains chauds, etc etc.

Les promenades publiques sont les remparts, les bords du canal et l'avenue de la porte de Calais.

Cette ville est peu ancienne ; ce fut en 626 qu'elle a commencé d'être un bourg, en conservant le nom de *Sitieu*, que portait un vieux château à la place duquel sont établis la grande batterie de ce nom et le palais de justice. On croit qu'alors la mer couvrait le terrein où est aujourd'hui la partie orientale de la ville : Sitieu était à l'extrémité du promontoire que formait la terre ferme. En 880, Fougues, abbé de St.-Bertin, entoura ce bourg de murailles, qui furent achevées, en 902, par Baudouin-le-Chauve, comte de Flandre. C'est vers ce temps, ou peu auparavant, que ce bourg quitta son ancien nom pour prendre celui de St.-Audomare, ou Omer, son patron.

Deux jésuites, Martin-du-Cygne et Jacob Malbranque, tous deux auteurs latins, l'un d'un ouvrage de Rhétorique, l'autre d'une Histoire des Morins, anciens habitans du pays, sont les seuls hommes célèbres que cette ville paraît avoir produits. — *Parcouru depuis Paris.* . . . . 61 ½ lieues.

Vers le quart de la première distance, on longe successivement, à un quart de lieue l'une de l'autre et à une ou deux portées de fusil de la route, deux maisons de campagne. La première appartient à M. de Gournay : la seconde était une propriété de l'abbaye de St.-Bertin. On longe également à droite vers le tiers de la même distance, le château de Moulle, qui communique à la route par une large et belle avenue plantée de beaux arbres. Ancienne propriété de M. de Beaufort, ce château appartient aujourd'hui à un Anglais nommé Smith. Dans cette partie de la route, on voit extraire une marne blanche qui s'exporte en Angleterre pour engrais. La contrée devient légèrement montueuse.

La Recousse est un assez joli village, où l'on trouve une auberge passable et d'une extrême propreté, mérite assez commun dans la partie septentrionale de la France, comme nous l'avons déjà remarqué.

Après la Recousse, la route devient plus égale et plus directe, la contrée plus agréable, et peut-être aussi plus riche.

Ardres est une très-petite et très-forte ville de guerre, qui n'est peuplée que de six cents habitans; elle a un bureau de poste. On la laisse à droite, pour aller relayer dans un faubourg. La route, ne passant pas dans la ville, y communique par une belle avenue très-bien ombragée. On extrait de la tourbe dans le territoire.

De cette ville, un chemin de cinq lieues, praticable pour les voitures, conduit à Marquise, bourg et relais de la première route de Paris à Calais, en laissant à quelques distances, d'abord à droite, près du village d'Andres, le champ du *drap d'or*, lieu fameux par l'entrevue de François Ier avec Henri VIII, roi d'Angleterre, et un peu plus loin, du même côté, au milieu des marais et des tourbières, la ville de Guines; ensuite, à pareille distance, à-peu-près sur la gauche, la verrerie, les mines de charbon et les carrières de marbre d'Hardinghen.

Le champ du *drap d'or* fut ainsi nommé, soit à cause des tentes construites en bois et revêtues de riches étoffes où furent étalés à l'envi le luxe et le faste des deux cours, soit parce que la tente du roi de France était en drap d'or. On sait que cette éclatante entrevue ne produisit que des fêtes et d'inutiles dépenses.

La petite ville de Guines, située à une lieue et demie de celle d'Ardres et peuplée de 2,400 habitans, a été le chef-lieu d'un célèbre comté de ce nom, et une des plus fortes places de la Picardie; ses fortifications n'existent plus depuis long-temps. Elle fait un certain commerce en grains, en bestiaux, volaille et gibier; c'est l'entrepôt des bois de la forêt de Guines et des charbons de terre d'Hardinghen.

Hardinghen est la source des charbons qui se consomment à Gravelines, Dunkerque, Saint-Omer et ailleurs. Le marbre qu'on extrait dans le même territoire est de qualité moyenne. La verrerie ne travaille que pour les bouteilles. — *Parcouru depuis Paris* . . 67 ½

lieues.

Route plate et droite, champs, prairies et

marais. Au quart de la distance, on traverse sur un double et superbe pont, dit le *pont sans pareil*, les deux canaux de St.-Omer à Calais, et d'Ardres à Gravelines, qui se croisent à angles droits. Cet embranchement de canaux a donné l'idée d'un pont à 4 voûtes et à 4 faces, sur lequel se croisent également deux chemins : c'est un ouvrage unique en son genre. Pour en bien juger, il faut le voir par-dessous. La voute du milieu, en forme de rotonde, et celle des quatre ouvertures, figurent autant de coupoles égales entre elles, qui représentent un petit temple antique.

On laisse à droite dans le village de Marc, la route de Gravelines, un quart de lieue avant Calais, où l'on arrive en traversant dans sa longueur le faubourg nommé : *la ville basse*, dans lequel on laisse à droite la première route de Paris à Calais. *(V. cette route, page 50.) — Parcouru depuis Paris. . . .*

PREMIÈRE ROUTE

DE PARIS A DUNKERQUE,

Par Amiens.

69 lieues.

***

Depuis Paris jusqu'à St.-Denis (V. première route de Paris à Calais.)

En partant de la poste de St-Denis, on laisse à droite la route de Louvres par Gonesse, à gauche celle de Rouen par Pontoise, et vers le tiers de la distance encore à gauche, celle de Calais, par Beauvais. Un quart de lieue avant ce dernier embranchement (appelé *le Barrage,* parce qu'il y avait jadis en cet endroit une barrière seigneuriale et un droit à payer), on traverse le village de Pierrefitte, peuplé de 700 habitans, et une demi-lieue après, celui de Sarcelles, peuplé de 1500. Ces deux villages venaient d'éprouver l'un et l'autre, lors de mon dernier passage, les vexations des cosaques, pour avoir repoussé la force par la force. Entre le Barrage et Sarcelles, on passe, du département de la Seine, dans celui de Seine-et-Oise. Un quart de lieue avant Ecouen, on longe, à droite, les jardins d'une jolie maison de campagne, faisant partie de Villiers-le-Bel, qu'on laisse du même côté, à une petite distance. Le pays, toujours frais et varié, devient un vrai paysage, et l'intérêt va croissant à mesure qu'on avance.

Ecouen est un joli bourg, bien bâti, bien percé, bien pavé, et surtout bien situé, sur la pente d'une colline boisée. On y compte 1200 habitans; c'est un chef-lieu de canton. Il possède un beau château, qui s'élève avec majesté sur une éminence, vers l'extrémité occidentale. Cet édifice, construit sous le règne de François Ier., par Anne de Montmorency, est un de ceux qui honorent l'architecture de ce règne, restaurateur des arts. De la maison de Montmorency, il a passé, à celle des princes de Condé. Echappé, comme par miracle, à la destruction révolutionnaire, il a été toutefois dépouillé des objets les plus intéressans qu'il renfermait. Tout ce qu'on remarque aujourd'hui dans l'intérieur, après la beauté de l'édifice, est celle des colonnes qui ornent le milieu des façades intérieures; mais extérieurement, on admirera toujours son joli parc, récemment embelli de nouvelles plantations, et une superbe vue. On a observé qu'elle ne donne pas du côté de Paris, parce que, s'il faut en croire la tradition, Anne de Montmorency, alors disgracié par François Ier., ne voulait pas avoir cette ville en perspective.

Ce château a été consacré, depuis peu à une maison d'éducation, pour trois cents filles ou parentes des officiers de la Légion d'Honneur, établissement qui vient d'être réuni · celui de St. - Denis. Il y a de bonnes auberges à Ecouen, et des cabriolets tous les jours, pour Paris.

Les voyageurs qui connaissent déjà le château, ou qui n'ayant pas le tems de le voir, seront bien aise de passer agréablement quelques instans, en attendant que leur voiture soit relayée, pourront demander à voir les charmans jardins du maître de poste, distribués et embellis avec un soin particulier. —

Parcouru depuis Paris. . . . .

lieues.

4 ½

§ 3. *D'Ecouen à Luzarches* . . . . 2 ½

Pays plus frais et plus varié que jamais:

route toujours ombragée ; pavé assez étroit en
partant, assez large quand on approche du
Ménil-Aubry, village de 600 habitans, qu'on
traverse à une petite lieue de distance. Une
lieue plus loin, on longe d'abord à droite la
fontaine, ensuite à gauche, la grille du château de Champlâtreux, appartenant à M. de
Molé, Pair de France. La situation de ce
château sur une éminence, d'où il domine
des paysages délicieux, son architecture, ses
jardins, ses belles plantations, son parc et
ses allées en quinconce, en font une des plus
magnifiques habitations de France.

Luzarches est une petite ville d'environ
1800 habitans, où l'on remarque beaucoup
de maisons bourgeoises.

Elle a été bâtie et habitée par les rois de
la seconde race, dont on voit encore deux
châteaux en débris, l'un à droite, l'autre à
gauche de la route. Cette petite ville fabrique
de la dentelle. Il s'y tient deux foires par an,
le 28 septembre et le 28 octobre : elles durent
trois jours.

J.-J. Rousseau fesait ses délices des campagnes qui entourent Luzarches et des points
de vues charmans qu'offrent ses prairies, en-

trecoupées de ruisseaux et parsemées d'arbres
de toute espèce. — *Parcouru depuis Paris.*

lieues.

7

§ 4. *De Luzarches à Chantilly* . . . . . .   2 ½

Même nature de pays, ou plutôt de paysage. Au bout d'une demi-lieue, on franchit
la limite de deux départemens de Seine-et-
Oise, et de l'Oise, et l'on passe entre les bois
de Royaumont à gauche, et d'Herivaux à
droite. La magnifique maison abbatiale de
Royaumont, construite en 1586, est habitée par les héritiers du marquis de Travanet.

Vers le milieu de la distance, après avoir
passé la jolie petite rivière de Thève, le voyageur traverse le village et gravit la montagne
de la Morlaie, qui est à mi-chemin ; puis il
longe, pendant une demi-lieue, à gauche,
la forêt du Lys, et pendant une lieue, à
droite, celle de Chantilly, qui l'accompagne
jusqu'au bourg de ce nom.

ntilly.   Ce bourg aurait au moins autant de droits
que Luzarches au titre de ville : sa population est la même, environ 1800 habitans : il
a également un bureau de poste, et plus d'importance, soit par ses établissemens manu-

facturiers, soit par les restes de son ancien
château. Il s'intitulait *ville*, depuis peu, lors
de mon premier passage, sans avoir d'autre
charte en sa faveur, qu'un décret impérial
qui le qualifie ainsi.

Ville ou bourg aujourd'hui, Chantilly n'é-
tait anciennement qu'un hameau. Il doit son
agrandissement successif à l'illustre famille de
Condé, en possession de cette terre depuis
le règne de Louis XIII. Elle avait appartenu
auparavant à la famille d'Orgemont et à celle
de Montmorency. La plûpart des maisons de
Chantilly sont propres, et toutes couvertes en
ardoise. On y remarque une fort belle rue,
bâtie par le prince actuel, Louis-Joseph de
Bourbon, à qui la ville doit encore un bel
hospice, doté par lui de soixante mille francs
de rente, en bien fonds. On remarque
surtout dans cet établissement l'apothi-
cairerie et la lingerie. La révolution, qui
a respecté la sainte destination de cet édifice, aurait bien dû respecter de même la
maison du fondateur.

Des travaux exécutés par ordre de ce
prince, dans la chapelle du château, ont fait
découvrir le corps de l'amiral Coligny, la
plus illustre victime du massacre de la Saint-

Barthélemi. Il avait été détaché des fourches de Montfaucon, par ordre du duc de Montmorency, son cousin, et enterré secrètement dans cette chapelle. L'évêque de Senlis, interrogé sur ce qu'on devait faire de ce cadavre, prononça que ce qui était en terre sainte devait y retourner. Le cadavre fut placé, d'après cette autorisation, dans l'église paroissiale, à côté du premier pillier à gauche, en entrant. Les bonnes femmes y font des pélerinages et des offrandes à *Saint-Gaspard de Coligny*, pour la guérison des enfans rachitiques. Si elles savaient que c'est sur la tombe d'un huguenot qu'elles se prosternent ainsi, elles reculeraient sans doute d'horreur; mais si on le leur disait, elles n'en croiraient rien, et continueraient leur pélerinage, tant est aveugle la crédulité. On fait aussi bien de le leur laisser ignorer, puisqu'au demeurant, *c'est la foi qui nous sauve*, et que, d'ailleurs, l'amiral Coligny était un homme vertueux et très-recommandable, etc.

Le château des princes de Condé,

De héros en héros, d'âge en âge embelli,

suivant les expressions de l'abbé Delille, a dû son principal éclat, comme sa principale célébrité, au Grand-Condé, qui en fit son séjour de prédilection, lorsque la goutte dont il était tourmenté, l'obligea de demander sa retraite. C'est dans cette délicieuse habitation qu'il se délassait des fatigues de la guerre, par le commerce des Muses et des gens de lettre. On voit encore à l'entrée du parc, près du petit palais de Sylvie, le théâtre champêtre où Molière, Racine et Boileau venaient recréer les loisirs du Grand-Homme.

Ce parc est tout ce qui reste de mieux conservé de cette ancienne demeure des héros. Le beau canal qu'on y admire encore est un des embellissemens du Grand-Condé.

De tous les bâtimens qui formaient par leur ensemble une des plus magnifiques habitations de l'Europe, il ne subsiste plus aujourd'hui que le petit château, le palais d'Enghien, les chenils et les écuries, qui sont elles-mêmes des espèces de palais, tant par leur grandeur, que par leur architecture.

On voit encore le jeu de paume et le manège, dans l'intérieur de la ville, où se font remarquer aussi, 1°. l'église paroissiale, fondée par le fils du Grand-Condé ; 2°. une jolie manufacture de porcelaine, dans l'emplacement de l'ancienne ménagerie; 3°. une filature de coton et manufacture de toiles peintes, vaste et superbe établissement où M. Richard, le plus célèbre entrepreneur de ce genre qui soit en France, occupait jusqu'à cinq ou six cents ouvriers. De superbes prairies entourent cette manufacture : l'entrepreneur en a fait sa blanchisserie. La maison d'habitation est magnifique, et remarquable surtout par la porte en arc de triomphe qui en forme l'entrée. Outre cet établissement, Chantilly possède plusieurs manufactures de dentelles.

A la sortie de ce bourg est une machine hydraulique, qui remplit deux vastes réservoirs, destinés à fournir d'eau l'hôpital et la fontaine publique. Le terrein de Chantilly est sec ; on y exploite des carrières. — *Parcouru depuis Paris* . . . . lieues. 9 ½

§ 5. *De Chantilly à Laigneville* 3

Pays, toujours frais et varié : beaucoup de bois. Aux deux tiers de la distance, on traverse la très-petite et très-ancienne ville de Creil, peuplée de mille habitans, et dans cette ville la rivière d'Oise divisée en deux bras. On y voit encore les débris du château où fut enfermé Charles VI pendant sa démence ; on montrait même, il y a dix ou douze ans, le balcon, en forme de cage, dans lequel il allait respirer l'air. C'est là que, pour distraire son esprit aliéné, on inventa les jeux de cartes qui ont depuis amusé tant de foux et de sages. Cette petite ville possède une manufacture de terre de pipe et un bureau de poste.

Passé Creil, le terrain devient plus fertile sans perdre de sa variété. Laigneville est un hameau. — *Parcouru depuis Paris.* . .

§. 6. *De Laigneville à Clermont* . . . . .

Même nature de pays toujours riche et toujours varié : vers le tiers de la distance, on laisse à droite le château, ensuite le bourg de Liancourt, et on longe à gauche, en face du chemin qui y mène, un joli bâtiment appartenant à M. de la Rochefoucault-Liancourt, qui l'a fait construire pour une boëte aux lettres. Le château est en partie démoli; mais ce qui en reste forme encore, au moyen des restaurations et embellissemens qu'y a faites ce seigneur, une très-jolie maison. Un sentiment philantropique, bien louable, l'a décidé à établir des filatures, qui emploient 5oo enfans de la classe indigente.

Il a porté ainsi l'aisance dans la maison du pauvre et la prospérité dans le pays. Des mécaniciens et des ouvriers Anglais l'ont secondé dans cette vertueuse entreprise.

Cet illustre descendant de l'illustre auteur des Maximes, se montre en tout le digne héritier des vertus de son aïeul. La France ne saurait oublier qu'elle lui doit l'introduction de la vaccine; l'agriculture lui doit, d'un autre côté, des recherches savantes et des découvertes heureuses, fruit de ses profondes observations. La terre de Liancourt est devenue, par choix, le lieu de sa résidence et le paisible théâtre de ses expériences agricoles : Liancourt est un bourg de 1500 habitans, tous heureux autant que fiers de compter dans leur nombre l'estimable Monsieur de Larochefoucault, qui, de leur seigneur, est devenu leur premier citoyen, sans cesser d'être leur bienfaiteur, en cessant d'être leur maître.

Le territoire de Liancourt, consacré à ce que les cultivateurs appellent *Petite Culture*, ressemble à un jardin, et ce jardin règne jusqu'à Clermont : haricots, pois et légumes de toutes espèces; cérisiers, noyers et toutes sortes d'arbres à fruits; chanvre, lin, colza, houblon, etc.; on y remarque même jusqu'à la vigne, quoique le climat commence à repousser avec force cette culture méridionale.

Au milieu de ce riche paysage et de la distance de Laigneville à Clermont, on traverse le village de Rentigny, qui renferme une fabrique de bas de coton.

Clermont, petite et assez jolie ville de 2000 habitans, fait un grand commerce de grains. Le vieux château des princes de Condé qui la domine était encore consacré à une maison de détention, lors de mon dernier passage dans cette contrée, en avril 1814. La terrasse qui entoure le château est une délicieuse promenade publique et un véritable belvéder : elle domine les riches environs de Clermont et s'étend à plus de huit lieues à la ronde. La vue doit être encore plus étendue des fenêtres du château; mais il n'y a que les détenus qui puissent en jouir : la faculté de promener leurs regards sur des campagnes animées et riantes, doit leur offrir bien moins de jouissances que de regrets.

Cette ville est le siége d'une des Sous-Préfectures du département de l'Oise et d'un Tribunal de première instance. Elle a

été prise et brûlée, en 1359, par les Anglais. lieues.
— *Parcouru depuis Paris* 15

La beauté du pays se maintient encore quelque temps. Au bout d'un quart de lieue, on traverse le village et on longe à gauche le parc de Fitz-James. Ce nom rappelle un des plus illustres réfugiés qui accompagnèrent en 1689 le roi Jacques II en France; il était fils naturel de ce roi et d'Arabelle Churchill, sœur du fameux Marlborough.

Après s'être distingué dans sa nouvelle patrie, sous le nom de maréchal de Berwick, parmi les plus grands généraux de Louis XIV, qui érigea en sa faveur la terre de Warti, près Clermont en Beauvoisis, en titre de duché - pairie, sous le nom de Fitz-James, il fut sous Louis XV un des plus fermes appuis de la monarchie française.

L'arrière petit-fils de cet illustre réfugié, a recouvré, au retour de son émigration,

7

le parc de Fitz-James, et racheté avec le sol quelques bâtimens secondaires qui étaient encore surpied.

Plus loin, au milieu de la distance, on traverse le village et on longe à deux portées de balle, à droite, le château d'Argenlieu. Vers les trois quarts de la même distance, on rencontre de belles carrières de pierres de taille.

Quelques buttes crayeuses commencent à décéler le sol et à signaler l'entrée de la Picardie : cette ancienne province ne se présente pas très-avantageusement à St.-Just, bourg de 300 feux, assez joli, mais situé dans une triste contrée. La route le traverse par une rue large et droite ; il y a un bureau de poste et une fabrique de bas fil. C'est dans le territoire de St.-Just que finit la culture de la vigne ; nous la reverrons cependant se remontrer un moment, et pour la dernière fois, à la montagne du Galet, une lieue au de-là de Breteuil.

On ne traverse aucun autre village que celui de Wavignies, où est le relais, et l'on ne voit absolument rien de remarquable depuis St.-Just jusqu'à Breteuil, très-petite ville de 1000 habitans, qui a toute l'apparence d'un bourg. On y trouve une belle et bonne auberge, digne d'une ville plus importante; son ancien couvent de Bénédictins a disparu: l'élégante habitation de l'abbé, située sur une butte assez pittoresque, a été conservée et transformée en maison de campagne par M. Levasseur, maître de poste; les autres maisons sont la plupart couvertes en chaume. A un quart de lieue de cette ville, on a trouvé quelques restes de celles de *Bratuspantium*, mentionnée dans les Commentaires de César, et placée par Valois et autres géographes, à Beauvais; les vestiges qui en subsistaient encore, il y a deux siècles, étaient nommés alors par les habitans *Brantuspante*, ce qui a fait pencher avec raison le savant d'Anville, pour l'opinion que nous adoptons. — *Parcouru depuis Paris.* . . . .

lieues.

24

Vastes plaines de champs ombragées de poiriers et de pommiers : grande culture : fertilité progressive à mesure qu'on approche d'Amiens. Ces trois distances n'offrent guère plus d'intérêt ni de variété que les deux précédentes.

La première, partagée en deux parties inégales par la Montagne aux Galets, qui sépare les deux départemens de l'Oise et de la Somme, et qui offre à droite, pour la dernière fois, comme nous l'avons déjà dit, la culture de la vigne, est coupée, vers le tiers, par le village d'Esquenoy : la deuxième, vers les deux tiers, par celui de St-Saulien, qui est très-considérable et peuplé de rouliers : la troisième, vers le milieu, par celui de Dury, dont les habitans travaillent pour les fabriques d'Amiens. Flers est un village, et Hébecourt un hameau qui ont chacun un château, appartenant, le premier à M. Dubos, vieillard philantrophe, connu et chéri dans la contrée par ses actes de bienfaisance, le second, à M. Douriez de Quenel.

Ville d'Amiens.

On découvre Amieus d'assez loin, au milieu d'un triste bassin de champs entièrement dénué d'arbres. La verdure et l'ombrage qui décorent les rives de la Somme, à l'entrée, comme à la sortie de la ville, s'effacent dans l'éloignement devant la nudité générale. La haute et belle cathédrale de cette capitale de la Picardie, produit un effet extraordinaire qui en justifie d'avance , la célébrité. Puisque c'est le premier objet qui se présente à nos regards , c'est par-là que nous commencerons la description d'Amiens.

Le rang distingué qu'occupe cette cathédrale , parmi les nombreux temples gothiques qui décorent l'intérieur de la France, tient à la grandeur et à la hardiesse de sa nef. On a dit que pour faire une église parfaite , il faudrait réunir ensemble la nef d'Amiens, le cœur de Beauvais, le portail de Rheims et le clocher de Chartres. Cette vaste nef, qui n'a point sa pareille en France, m'a paru petite auprès de celle de Milan, que je venais de voir dans ma tournée précédente, et qui, comme j'ai eu occasion de le dire, en parlant de Rome, est de beaucoup inférieure à celle de la basilique de St.-Pierre; ainsi je n'ai nullement été frappé de la grandeur qui fait le principal mérite de celle d'Amiens. Un trop grand volume de jour répandu dans cette vaste nef par les vitrages en verre ordinaire, qui ont remplacé les anciens vitraux en verres de couleurs, nuit à la majesté de l'ensemble Trois roses magnifiques, l'une au-dessus du grand portail,

et les deux autres aux deux bouts de la croi-
sée, ont conservé leurs vitraux coloriés et
font une des beautés de cette église, peu riche en général d'ornemens intérieurs ; elle
renferme toutefois beaucoup de monumens.
A l'entrée, sur les deux côtés du grand portail, sont les deux cénotaphes, en bronze,
des deux fondateurs de l'église, dont l'un,
l'évêque Évrard, la fit commencer en 1220,
et l'autre, l'évêque Godefroy, son successeur,
la fit continuer jusqu'en 1237, époque de sa
mort. Derrière le chœur, un tombeau en
marbre se fait remarquer par un enfant qui
pleure avec une vérité frappante. Parmi un
grand nombre d'autres mausolées, on en
compte très-peu qui méritent d'être cités :
on vient d'y placer celui du poète Gresset,
dont Amiens s'honore d'avoir été le berceau.

La délicatesse des piliers, au nombre de
126, dont 44 sont tout-à-fait détachés, est ce
qui fixe le plus l'admiration des connais-
seurs dans l'intérieur de cette église.

La description de la cathédrale d'Amiens,
par M. Rivoire, m'a instruit d'une particularité que je n'avais jamais remarquée, et qui
avait échappé de même à l'observation de
l'ancien évêque de cette ville, M. de Villaret,

et de plusieurs de ses grands vicaires, que j'ai eu l'occasion de consulter. On lit dans cet ouvrage que : « Tout autour du rond-point
» du chœur et contre les murs qui séparent
» les chapelles de cette partie de l'église,
» toutes les colonnes isolées, ou plutôt ce
» qu'on appelle *Boudins*, retentissent comme
» une cloche quand on les frappe : c'est pour
» cette raison qu'on les nomment *Colonnes*
» *sonnantes*. Il en est surtout une appe-
» lée, par excellence, le Pilier sonore, qui
» étonne par l'intensité du son que la moin-
» dre percussion lui fait rendre : c'est celui
» qui se trouve entre la chapelle de Saint-
» Jacques et celle de St.-François d'Assise.
« Cette église (ajoute le même auteur), pré-
» sente, sur 126 piliers très-minces et très-
» élégans, une voûte immense qui monte
» jusqu'aux nues. »

Nous ne suivrons pas M. Rivoire, dans les explications trop détaillées qu'il donne de tous les monumens et de toutes les chapelles ; il n'avait que la cathédrale à décrire, et nous décrivons la France. La chaire qu'il vante beaucoup, n'est regardée comme un chef-d'œuvre en ce genre, que par ceux qui n'ont pas vu les magnifiques chaires des

églises flamandes, notamment de St.-Bavon
de Gand. Les trois statues qui la supportent
et qui, représentent les trois vertus théolo-
gales, sont d'une bonne exécution, quoique
peut-être un peu massives.

« Les stalles du chœur, dit encore M. Ri-
» voire, sont un des plus beaux morceaux en
» ce genre. Cet ouvrage fut commencé le 3
» juillet 1508 et fini le 10 février 1519. Ce
» devait être un beau spectacle que de voir
» toutes ces stalles remplies par des ecclé-
» siastiques en surplis bien blancs et bien
» plissés, l'aumusse au bras, chantant hum-
» blement les louanges du seigneur. — Mais
» les beaux jours de l'église sont passés,
» Sion est dans la tristesse. On ne voit plus
» qu'un petit nombre de lévites dans une
» solitude immense, etc. »

Avant de quitter l'intérieur du temple,
livrons-nous avec M. Rivoire aux sentimens
confus d'admiration et d'étonnement qu'il
lui a inspirés. « On se sent, dit-il, saisi d'un
» recueillement religieux à l'aspect des cha-
» pelles qui remplissent les bas-côtés : des
» grilles qui les ferment, des cierges qu'allu-
» ment la piété, le malheur, la douce espé-
» rance, du silence auguste qui règne dans

» cette vaste enceinte, de cette chaire où
» des orateurs chrétiens tonnent contre le
» vice. — De ces confessionnaux où l'orgueuil
» vient s'humilier et la nature humaine se
» montrer dans toute sa turpitude. — Ce
» charme mélancolique qu'on éprouve s'ac-
» croît encore quand on considère cette
» multitude d'hommes prosternés au pied
» des autels, qui viennent entretenir le Très-
» Haut de leurs craintes de leurs maux. — Là
» c'est une vierge pudibonde et timide qui
» vient prier Dieu de protéger son inno-
» cence, de l'armer de courage et de force
» pour triompher d'un aimable séducteur
» qui la sollicite. Ici c'est une mère éplorée
» qui, les mains jointes, les yeux humides
» de larmes, supplie la bonté divine de
» rendre la santé à un fils chéri, à une fille
» aimable, dont les organes affaiblis par la
» maladie, luttent encore contre l'impi-
» toyable mort. Plus loin je vois une épouse
» outragée, délaissée, malheureuse qui verse
» dans le sein de la divinité compâtissante
» les peines qui déchirent son cœur et tour-
» mentent son âme. Un tableau non moins
» attendrissant vient exalter l'homme moral,
» déjà vivement agité par tout ce qu'il sent,

» partout ce qu'il voit : ici le riche s'agenouille
» à côté du pauvre ; les vêtemens du luxe
» touchent les haillons de la misère, ceux
» qui commandent et ceux qui obéissent,
» se confondent et s'humilient ensemble
» devant leur père commun, devant celui
» qui seul est grand, qui seul est éternel et
» indépendant. »

C'est dans la chapelle de Saint-Jean qu'on montre, aux grands jours de solemnité, la tête de ce Saint si heureusement transportée de Constantinople en 1206 par un gentilhomme picard, nommé Wallon de Sarton, et conservée plus heureusement encore pendant la tourmente révolutionnaire par le sieur Lecouvé alors maire de la ville. Cette chapelle est très-riche en marbre.

L'extérieur de la cathédrale d'Amiens n'a rien qui la distingue des autres églises gothiques de France. Legrand portail surchargé de statues grotesques, est loin de répondre au goût qui caractérise le reste de l'édifice. L'Église a 366 pieds de long, 5o de large, sans comprendre les bas côtés, et 132 de haut. Le clocher consiste dans une jolie petite flèche qui s'élance du milieu du comble. Elle est portée sur une charpense ingénieuse, qui porte elle-même sur les pilliers du centre sans toucher à la voûte. On assure qu'elle est inclinée : cette inclinaison, si elle existe, est bien peu apparente.

Entraînés par monsieur Rivoire, dont nous avons extrait quelques détails, nous mériterions peut-être le reproche d'avoir excédé nos bornes ordinaires, pour la description d'une seule église, si nous ne trouvions notre excuse dans la juste célébrité de cette basilique, objet de la curiosité de tous les étrangers qui passent à Amiens.

Dès qu'ils l'ont vue, ils peuvent partir sans regret, ils connaissent tout ce que la capitale de la Picardie renferme de véritablement digne de leur attention. Aucune autre église, après celle-là, n'appelle leurs regards, aucun autre édifice ni moderne, ni gothique n'a mérité d'être mentionné par les auteurs. Cependant l'hôtel-de-ville bâti par Henri IV, la halle au blé et le lycée sont encore des édifices publics remarquables. La plus belle maison est l'ancienne intendance, aujourd'hui la préfecture, qui n'a pour elle qu'une élégante et noble simplicité. Le beffroi, cité par les habitans, ne mérite pas de l'être ; le château-d'eau le mérite un peu plus ; il est visité de la plupart

des étrangers. La ville est d'ailleurs généralement assez bien bâtie, tant en brique qu'en
pierre : elle a des rues larges et droites.

La citadelle est très - négligée et presque
abandonnée aujourd'hui. Henri IV la fit bâtir
pour l'opposer aux espagnols, qui, maîtres de
Doulens , poussaient leurs excursions jusque
sous les murs d'Amiens. On démolissait les
remparts lors de mon passage en 1814. Ils
annonçaient une ancienne mais bien faible
ville de guerre, c'était une promenade, mais
peu agréable , parce qu'elle était dépourvue
d'arbres.

Les allées de l'Autoy, qu'on longe en sortant par la porte d'Abbeville, attirent tous les
amateurs des promenades fraîches et ombragées. Les eaux de la Celle s'y séparent en
deux bras, qui forment une isle assez considérable, en allant se perdre dans la Somme.
C'est dans cette isle que sont renfermées les
allées.

Cette dernière rivière traverse la ville par
divers canaux qui contribuaient à la prospérité de ses nombreuses manufactures , lorsqu'elles étaient en activité. La fabrication
des camelots, pannes, peluches et autres
étoffes en laine, repoussés depuis long-tems

en France par la mode, en Espagne par la
guerre, avait fait place à de nombreuses filatures de coton qui, détruites à leur tour, ne
sont remplacées par rien. Les velours de coton, connus dans le commerce par leur bas
prix, se maintenaient encore, mais faiblement ; les tanneries se maintenaient mieux :
les casimirs de monsieur Jense ont mérité à
leur auteur une médaille d'encouragement.
La totalité des manufactures d'Amiens créées
par les soins du grand Colbert, ont employé,
dit-on jusqu'à trente mille ouvriers. Cette
ville manufacturière, quoique bien déchue,
est peuplée de 40,000 habitans, dans une enceinte d'une lieue de tour.

Les Amiénois ne se bornent pas aux travaux d'une industrie mécanique : ils cultivent aussi les sciences et les lettres avec dis-
tinction. Les talens y sont encouragés par
une accadémie dont Gresset est le fondateur,
et les sciences secondées à-la-fois par une bibliothèque publique et par un jardin bota-
nique.

Cette ville a vu naître, outre Gresset,
dont nous venons de parler, plusieurs autres
hommes célèbres, entr'autres, le maréchal
d'Estrées et la belle Gabrielle sa sœur, Vincent

Voiture et Pierre L'hermite, un grand nombre de célèbres médecins, tels que Jean et Gaspard Bauhin, les deux Jean Riolan, père et fils, plusieurs savans et philosophes, entr'autres Ducange historien des plus érudits, Jacques Rohault fameux cartésien, Boulanger de Rivry, physicien, littérateur et fabuliste également estimé, etc., etc.

Les étrangers trouvent à Amiens des cabinets littéraires, des cafés montés sur un bon pied, d'excellentes auberges, notamment celle de la poste aux chevaux, et deux ou trois établissemens de bains publics. Les pâtés d'Amiens ont de la célébrité : il s'en fait des envois dans toute la France.

Les marais répandus dans la vallée de la Somme sont utilisés à Amiens, pour le jardinage : les légumes y sont excellens; malgré ce sol marécageux, la ville jouit d'un air très-sain et le sang y est fort beau, plus encore chez les hommes que chez les femmes, d'après le proverbe local, *hommes d'Amiens, femmes d'Abbeville.*

Elle a conservé son évêché et acquis une préfecture, une cour royale et un tribunal civil, un collège royal dont nous avons déjà remarqué le bâtiment et un hôpital militaire.

Amiens fut le siège de l'empire sous Clodion, et dans des tems moins anciens, le point de réunion de cinq rois partant pour la terre sainte ; savoir : les rois de France, d'Angleterre, d'Arragon, de Navarre et de Bohême.

Entr'autres sièges que cette ville a soutenus, les historiens distinguent celui de 1597, où Fernand Teillo, gouverneur de Doulens pour les Espagnols, la surprit en faisant éparpiller, à la porte, des noix que la garnison se mit à ramasser, et pendant ce tems son armée qui était en embuscade, pénétra dans la ville : Henri IV ne tarda pas à la reprendre ; c'est alors qu'il fit bâtir la citadelle dont on a déjà parlé. Dans cette ville a été conclu le traité de 1802, entre la France et l'Angleterre.

Son nom latin d'*Ambianum* lui est venu des peuples nommés Ambiani, dont elle était la capitale lors de la conquête des Gaules par Jules César : auparavant elle se nommait *Samorobriva. Parcouru depuis Paris. . . .* lieues. 31

§ 13 *D'Amiens à Talmas.* 4

On sort d'Amiens par la porte et le faubourg de Saint-Pierre, en laissant à droite la route de Cambrai, par Albert et Bapaume, route jadis montée en ligne de poste. Celle qu'on laisse encore de même côté au bout d'une lieue, est l'ancienne route d'Arras. La triste plaine qu'on traverse dans cette distance est peu crayeuse, mais elle n'en est pas moins infertile. Quelques blés sarrasins se montrent de loin en loin au milieu de ce vaste désert, où se fait remarquer, entouré d'un bouquet d'arbres, le beau château moderne de Bertangles, appartenant à la famille de Clermont-Tonnerre. On le laisse à quelques portées de fusil sur la gauche, vers le milieu de la distance : une belle avenue y conduit. Peu après on cotoye le mur du parc, et une demi-lieue plus loin on traverse l'extrémité occidentale du bourg de *Villers-le-Bocage,* qu'on prendrait pour un bois, tant il est entouré et parsemé d'arbres, ce qui l'a fait à juste titre surnommer *le Bocage.* On en laisse le château à droite et une lieue plus loin on arrive à Talmas, autre bourg dont presque toutes les maisons ne sont que des chaumières, et n'ont d'autre étage que le rez-de-chaussée.

Parcouru depuis Paris. . . . . 35 lieues.

---

§ 14 *De Talmas à Doulens* . . . . 3 ½

Même nature de pays jusqu'au village et au vallon de Vigogne, qu'on traverse au bout d'une demi - lieue : ce village est, comme Talmas, bâti en terre et couvert en chaume. Une lieue et demie plus loin on trouve le vallon et le bourg de Bauval. Ce bourg, assez considérable, est également bâti en terre et couvert en chaume : on le voit à gauche dans un fond, boisé et pittoresque, où toutes ces chaumières, disséminées au milieu des arbres, produisent, vues de la route qui les domine, l'effet le plus extraordinaire.

La petite ville de Doulens, peuplée de 2,400 individus, et située sur la rive gauche de l'Authie, qu'on traverse en entrant, est une place de guerre qui, autrefois très-forte par elle-même, ne l'est aujourd'hui que par sa double citadelle, l'une des plus belles de France. Ce sont deux citadelles contigues et réunies par une porte de communication.

Du même côté de la ville, sur la rivière de l'Authie, est établie, à un quart de lieue

8

de distance, une superbe filature de coton, dont on vante avec raison l'édifice principal. C'est tout ce qu'il m'a été permis d'admirer de cet établissement, dont le jaloux et bizarre propriétaire n'en laissait pas voir autre chose aux étrangers : c'est-à-dire qu'il ne leur permettait que ce qu'il ne pouvait pas leur interdire, la vue extérieure, à moins de rencontrer un de ses bons momens qu'on m'assura être assez rares. Prévenu du brusque refus dont je courais la chance, je n'ai pas voulu le risquer.

Le territoire de Doulens est bien meilleur que les arides plaines qui y conduisent. Il est même supérieur à celui d'Amiens, que nous avons vu très-riche en grains malgré sa nudité. — *Parcouru depuis Paris.* . . .

---

§ 15. *De Doulens à Frevent.* . . . .

§ 16. *De Frévent à St.- Pol.* . . . . . .

Au milieu de la première distance on traverse le long village de Boucquemaison entremêlé d'arbres, et on passe de la Picardie dans l'Artois, du département de la Somme dans celui du Pas-de-Calais. Une descente, et une cavée à travers le bois de Carcan, dont le trajet est d'une demi-lieue, forment l'avenue de Frévent, bourg élégant et propre, dans le goût de ceux de la Flandre. Il est peuplé de 8 à 900 habitans, la plupart livrés au commerce des laines. Ce joli bourg possédait une abbaye de bénédictins. Il a un bureau de poste.

La route, toujours bordée d'arbres, devient plus belle après Frévent, ainsi que la plaine, qui prend un caractère montueux aux approches de St.-Pol, ville de 3200 habitans, (en y comprenant pour 7 ou 800 ceux de la banlieue). Agréablement située dans un fond assez pittoresque, elle n'a d'ailleurs rien d'intéressant : c'est le siège d'une sous-préfecture et d'un tribunal civil. Il y avait, lors de mon dernier passage, une fabrique de nankin et de basin. Le principal commerce de cette ville, comme la principale culture du territoire, est en froment, qui rend communément sept à huit pour un. On y récolte aussi beaucoup d'avoine, de foin et même de tabac. Des plantations considérables de pommiers y font diminuer tous les jours la consommation de la bière.

St.-Pol est la patrie du savant médecin Sue,

et du féroce conventionnel Lebon. — *Par-*
couru depuis Paris. . . . .

———————

§ 17. *De St.-Pol à Pernes.* . . . .
§ 18. *De Pernes à Lillers.* . . . .

Belle route presque toujours bordée d'arbres et par fois montueuse. Pays à-la-fois
agricole et bocager. Au milieu de la première distance, on trouve un hameau remarquable par ses chaumières, rangées autour
d'une prairie qui, laissée en paturage, est
comme la place publique de ce hameau.

Le pays toujours boisé, après comme
avant Pernes, et parsemé de chaumières,
blanchies à l'instar de celles de la Flandre,
nous annonce les approches de cette province. On s'apperçoit aussi de ce voisinage
dans l'intérieur des maisons, à la propreté qui
y règne, et à l'éclat que jettent la vaisselle et les
ustensiles de cuisine, ainsi que les meubles.

Tous les lieux, tant de cette partie de
l'Artois que de la Picardie, sont tellement
entourés et ombragés d'arbres, que lorsqu'on
voit un bosquet trancher avec la nudité des
champs, on est presque assuré qu'il renferme un village ou un hameau.

Lillers est un chef-lieu de canton, et un simple bourg que les géographes qualifient de ville, parce qu'il l'a été autrefois. C'était même une place forte ; mais il a perdu, depuis long-tems, avec ses fortifications, tout ce qui pouvait lui donner droit à ce titre. C'est toujours un lieu très-agréable, tant par lui-même que par son site, au milieu d'une plaine verdoyante, aussi riche que belle. On y voit une jolie place servant de champ de foire, et sur cette place une auberge d'assez bonne apparence. On fait, à Lillers, le commerce des toiles.

La population de ce bourg, ou si l'on veut de cette ville, est de 4000 âmes, en y comprenant plusieurs hameaux répandus dans la banlieue, et baptisés faubourgs par le maire, qui est flatté sans doute d'être à la tête d'une ville populeuse et importante. En réduisant cette population à sa juste valeur, on ne trouve que 2,300 habitans, ainsi que l'atteste la description topographique et statistique de la France, par MM. Peuchet et Chanlaire. On lit dans le même ouvrage (où je ne crains pas de puiser, quand je trouve quelque lacune dans mes notes prises sur les lieux), que Lillers n'est remarquable que par la beauté de ses eaux « Il y a des fontaines dans les maisons de quelque importance et il en est qui founissent, au sortir de leur bassin , un volume d'eau assez considérable pour faire tourner les moulins. »

Le territoire de Lillers , comme celui de toute cette partie de la Flandre, produit en froment de dix à douze pour un. — *Par-* lie *couru depuis Paris.* 5

---

§ 19. *De Lillers à Aire.* 3

Route charmante et animée par de nombreux villages où l'on voit fréquemment des prairies tapissées de la plus belle verdure et plantées d'arbres fruitiers de toute espèce, servir de basse-cour aux habitations, comme en Normandie. L'édifice qui se fait remarquer à droite, et à une demie-lieue de la route, dans la première partie de cette distance, est l'ancienne abbaye d'Ham.

Le premier lieu qu'on trouve est Bourrecq, à trois quarts de lieue de distance, le deuxième St.-Hylaire, un quart de lieue plus loin; le troisième Norem, vers le milieu de la distance; le quatrième, Fontems;

le cinquième, Masinghem, et le sixième, Lambres.

Dans ce dernier, toutes les fontaines sont autant de jets d'eau naturels, particularité que nous remarquerons à Aire et ailleurs dans la même contrée. On en peut voir, en passant, quelques-unes placées au bord de la route. Entre ce village et la ville d'Aire, on laisse à gauche une route qui conduit à Hesdin.

Aire est une ville très-forte et assez belle, Ville d'Aire. peuplée de 5 à 6000 habitans. Le bâtiment le plus remarquable est l'hôtel-de-ville qui fait un très-bel effet sur la place dont il forme une des façades. L'église de St.-Paul offre un beau gothique. On vante aussi les casernes. Ce qu'elles ont de remarquable est d'être fort vastes et de pouvoir contenir 6000 hommes.

Cette ville n'a rien de plus intéressant que ses fontaines, qui sont toutes autant de jets d'eau naturels, dont il n'a fallu que déterminer le développement. Des jets d'eau artificiels sont des produits ordinaires de l'industrie humaine, mais un pareil jeu de l'art, imité par la nature, devient un phénomène d'autant plus digne de l'attention des observateurs, que dans le cas dont il s'agit, en dérogeant à ses propres lois, la nature ne fournit aucun moyen d'expliquer ce mystère d'hydraulique. J'aurais refusé d'y croire si je n'avais été moi-même témoin de l'opération par laquelle on obtient ces étonnans résultats. On creuse la terre perpendiculairement avec une tarière qui se prolonge à volonté, au moyen d'un grand nombre de corps d'ajoutage. L'on ne trouve l'eau qu'à la profondeur de cent cinquante pieds ; mais on n'y est pas plutôt arrivé, qu'elle s'élance à la surface, comme pour aller au-devant de l'homme qui la cherche : on adapte aussitôt les tuyaux préparés d'avance, et l'on a des jets de plusieurs pieds, ou même de plusieurs toises de hauteur, selon le diamètre du tuyau.

D'après la loi de l'équilibre des fluides, l'eau ne peut monter qu'au niveau de la hauteur d'où elle est descendue ; mais ici point de montagne où l'on puisse supposer des réservoirs supérieurs alimentant ceux d'où l'eau s'élance : une plaine à perte de vue ne permet aucune conjecture de ce genre. D'où provient donc la force motrice ? Je ne puis la trouver que dans des gaz qui, se dégageant et se dilatant avec force, produisent la pression dont nous cherchons la cause. Je soumets ma conjecture aux savans, qui ne

la rejetteront, j'espère, qu'autant qu'ils trouveront à la remplacer par une meilleure. —
lieues.
Parcouru depuis Paris . . . . 54 ½

§ 20. *D'Aire à Hazebrouck* . . . . 3 ½

Même plaine de plus en plus fertile et
riante. Au bout d'une demi-lieue, on quitte,
avec l'ancien Artois, le département du Pas-
de-Calais, pour entrer dans celui du Nord
et dans la Flandre française, qui, quoique française, ne l'est point dans cette
partie quant à la langue. Il n'y a que les per-
sonnes instruites qui parlent français. On
traverse à mi-chemin le village de Steem-
becq, peuplé de douze à quinze cens habitans, et une demi-lieue avant Hazebrouck
celui de Morbecq, peuplé de quinze à dix-
huit cens. Une route projettée de Lillers à
Cassel, par St.-Venant, petite ville forte du
département du Pas-de-Calais que nous venons de quitter, doit s'embrancher à Morbecq, avec la route actuelle, et cette nouvelle direction, indiquée par des points sur
notre carte, abrège de trois lieues la route de
Paris à Dunkerque.

Hazebrouck est une ville de cinq mille

habitans, située dans un des plus frais et des
plus fertiles pays de la Flandre et par conséquent de la France. La terre est un vrai ter-
reau, un sol à jardin : la culture consiste en
plantes oléagineuses et légumineuses, en tabac, en houblon, en prairies naturelles et
artificielles, en vergers garnis de toute sorte
d'arbres fruitiers, en bosquets plantés de
belles futayes qui se composent ordinairement d'ormes, de trembles et autres grands
arbres, dont la coupe réglée n'a lieu que tous
les soixante ans. Ces arbres, parmi lesquels
figurent encore le saule et les diverses espèces
de peupliers, bordent aussi les propriétés, et
souvent les ombragent plantés en allées
et en quinconces. Les prairies, dont une
partie est consacrée aux pâtures, sont souvent transformées ainsi en bocages. D'après
le tableau qu'on vient de lire, il est facile de
juger que cette partie de la Flandre doit pro-
duire peu de bled; mais elle produit en revanche beaucoup de bestiaux et de beurre.

Charmante par sa situation, la ville d'Hazebrouck l'est encore par elle-même; ses rues,
bien percées, et ses maisons, bâties avec élé-
gance, annoncent qu'elle est richement habitée. On y voit une grande et belle place, et

sur cette place, un superbe hôtel-de-ville orné de portiques qui soutiennent une colonade dorique en très-belle pierre de taille, luxe extraordinaire dans un pays où la pierre est aussi rare et aussi précieuse que le marbre l'est à Paris. Une ville de cette classe ne paraît pas susceptible d'une salle de spectacle : celle d'Hazebrouck en a deux, qui, comme on pense bien, ne sont pas toujours en activité.

Le commerce de cette ville consiste dans ses marchés du lundi et du vendredi de chaque semaine, dans ses foires du 11 juin et du 23 octobre, dont la première dure deux jours, la seconde neuf, et dans les diverses productions du pays, notamment les fils et

lieues.

les toiles. — *Parcouru depuis Paris* 58

§ 21. *D'Hazebrouck à Cassel.* 3

Cette partie de route est une promenade continuelle, comme toutes celles qui aboutissent à Cassel, une véritable allée, percée au milieu des vergers et des bosquets. Vers le milieu de la distance, on trouve le hameau de Sylvestre, où la route qu'on suit se joint à celle de Lille : même plaine, même beauté, même fraîcheur, même richesse de paysage, tant avant qu'après l'embranchement, d'où l'on arrive, par une longue avenue en ligne droite, au pied de la montagne de Cassel. On gravit cette montagne, en la tournant par une pente douce, pour gagner la ville située au sommet.

Ville de Cassel.

Cette ville, peuplée de 2,500 habitans, comptés pour 4,000, quand on y comprend la banlieue, offre des rues et des maisons propres, comme toutes les villes de cette contrée, avec une très-grande place sans régularité : peu remarquable d'ailleurs par elle-même, elle est on ne peut plus intéressante par son heureux site sur un mont isolé, le plus joli et le plus haut de la Flandre. Elle en occupe la croupe, mais non le point éminent, qui consiste dans une butte élevée en terrasse et couverte de pelouse. C'est comme un mont sur un autre mont, comme le *Pélion* de la fable élevé sur *Ossa* par les géants, pour escalader les cieux. Les géants qui ont élevé celui-ci doivent être les Romains. Cette plate-forme gazonnée, dont le sol retentit sous les pieds, par l'effet des voutes qu'on y reconnaît et que l'œil même y découvre, en certaines parties, où la maçonnerie se montre à fleur de terre, n'est autre chose que les décombres de l'ancien château connu sous le nom de *Castellum Morinorum*, château des *Morins*. On sait que les Morins étaient les habitans de cette contrée au temps de Jules - César. *Castellum Morinorum* était leur boulevard et leur capitale ; ce nom est celui qu'on trouve dans l'itinéraire d'Antonin. Un nouveau château a été construit par les conquérans sur les ruines du premier ; et c'est sans doute ce château romain dont nous foulons aujourd'hui les décombres.

Notre conjecture trouve un solide et triple appui dans les médailles antiques qu'on y a découvertes, dans les voies romaines qui y aboutissaient, et dans l'opinion traditionnelle des habitans, opinion qui s'appuie elle-même sur le nom ; conservé jusqu'à nos jours, de *Castellum Morinorum*, d'où est dérivé le nom moderne de *Cassel*. La couche végétale qui recouvre ces ruines en atteste aussi l'ancienneté.

Cette butte ou plate-forme, qui porte le nom de mont Cassel, domine de 40 à 50 mètres la ville, dont elle est la promenade et en quelque sorte *le Belvéderre*. Son isolément au milieu des plus belles plaines de la Flandre, lui donne un aspect tout-à-fait pittoresque, et lui procure en même-temps un vaste et magnifique horizon, unique peut-être dans le monde. On y découvre la mer à cinq lieues de distance, quand le tems est clair : on y distingue les bâtimens, on les y compte : on distingue aussi et on compte dans la plaine verdoyante qui s'étend de tous les côtés,à perte de vue, indépendamment de plus de cent bourgs ou villages, les trente-deux villes suivantes.

Dunkerque, Bergues, Hondschootte, Furnes, Nieuport, Ostende, Bruges, Poperingue, Dixmude, Ypres, Courtray, Menin, Lille, Bailleul, Armentières, Labassée, Béthune, Merville, Saint-Venant, Lillers, Estaire, Lagorgue, Hazebrouck, Aire, Saint-Omer, Ardres, Calais, Gravelines, Bourgbourg, Arques, Therouanne, et enfin *Cassel,* qu'il faut comprendre dans le nombre pour arriver à celui de trente-deux ; il est même raisonnable de l'y comprendre, puisque le point d'observation d'où l'on fait ce dénombrement n'est pas la ville de Cassel même, mais bien la butte au pied de laquelle elle est située, de manière que cette ville n'est que la plus voisine des trente-deux. On ne compte point celle de Douvres, qui ferait la trente-troisième, parce que, bien que la

vue s'étende jusque là, l'éloignement et les va-
peurs ne permettent guère de la distinguer.
On ne compte pas non plus, je ne sais pourquoi, Steen - Woorde ni Watten, ni quelques autres villes de la Flandre, qui, d'après
l'inspection de la carte, font partie du même
horizon ; et d'après l'inspection des lieux, ils
ne peuvent être masqués par aucune montagne ni colline. Watten porte cependant le
titre de ville, et Steenwoorde, sans porter le
même titre, est un bourg beaucoup plus
peuplé que Watten.

Presque tous les auteurs parlent des trente-
deux villes qu'on découvre du mont Cassel,
mais sans les nommer, ce qui fait révoquer
en doute l'exactitude de leur assertion. C'est
pour lever mes propres doutes, et ne pas
transmettre moi-même à mes lecteurs des
opinions hazardées sur la foi d'autrui, que j'ai
voulu m'assurer de la vérité, en me faisant
indiquer et nommer successivement toutes ces
villes. La plûpart ne se montrent que par les
tours et les clochers, dont les cîmes s'élèvent
au-dessus des arbres qui couvrent au loin
toute la plaine.

La seule variété qu'offre ce vaste tapis de
verdure, est d'être plus clairsemé du côté

de Saint-Omer, où l'on apperçoit quelques
terres cultivées, tandis que du côté opposé
on croirait voir une immense forêt. A l'ouest,
l'azur des mers qui, suivant l'état de l'at-
mosphère, tantôt se confond, tantôt se
nuance avec celui du ciel, forme, dans un
éloignement de 5 à 6 lieues, une troisième
variété dont on ne jouit que bien faiblement,
et même assez rarement, la mer comme nous,
le savons, ne se distinguant point par tous les
temps à cette distance. Le mont des Récollets,
qui s'élève couvert de bois à côté du mont
Cassel, offre une quatrième variété, et c'est
celle dont l'œil jouit le mieux. Ce mont ne
paraît avoir guères que la moitié de la hauteur
du mont Cassel, qui n'a pas lui-même plus de
5o à 6o toises au-dessus du niveau de la mer.

Les voies romaines qui aboutissaient au
Castellum Morinorum étaient au nombre de
sept. Le maire de Cassel, qui a eu la bonté
de me servir d'indicateur, m'en a montré
quelques-unes qui forment des lignes droites
à perte de vue, et servent encore de chemin
de communication, notamment celle qui
mène à Estaire. Nous avons estimé, avec lui,
que l'étendue du pays qu'embrassaient nos
regards, nourrit une population de 6oo,ooo

âmes. Le produit de cette plaine, aussi fertile que belle, est, dans certaines parties, de 12, dans d'autres, de 15 pour 1 en froment; mais nous avons vu que le bled n'en est pas la principale culture. La maison de campagne et sur-tout les jardins du général Vandamme, sont l'embellissement du mont Cassel, dont ils occupent tout un côté, en s'élevant presque jusqu'au sommet.

Cette capitale des Morins a dû naturellement, par sa position, servir en tous les temps, de boulevard aux anciens habitans de la contrée : aussi a-t-elle été souvent attaquée, prise et saccagée. Elle est célèbre dans l'histoire moderne par les trois batailles qu'ont livrées sous ses murs trois Philippe de France; savoir : Philippe Ier, qui y fut battu en 1071; Philippe-de-Valois, qui y remporta une victoire complette sur les Flamands, en 1328, et saccagea la ville (*); enfin, Philippe, duc

---

(*) Lorsque Philippe de Valois arriva près de Cassel, il vit sur les tours l'étendart, où était peint un coq et où on lisait ce distique en gros caractère :

Quand ce coq chanté aura,
Le Roi Cassel conquérera.

Cette imprudente bravade n'eut d'autre effet que de faire mettre la ville à feu et à sang par le vindicatif monarque.

9

d'Orléans, qui battit le prince d'Orange, en 1677. La ville de Cassel est peu commerçante. Il s'y tient une foire de neuf jours, tous les ans, à la Fête-Dieu. — *Parcouru depuis Paris* . . . .

§ 22. *De Cassel à Bergues.* . . . .

Même nature de route pavée, aussi belle que bonne, et de plaine boisée, aussi riche que belle. Vers le milieu de la distance, on traverse la petite rivière de Peene et le bourg de Wormhout, chef-lieu de canton, peuplé de plus de 3000 habitans, avec bureau de poste.

Ville de Bergues.

Bergues est une petite ville de guerre peuplée d'environ 4000 habitans, bâtie en brique et dans le même goût, mais pas aussi bien que celle de Dunkerque; elle n'est pas non plus aussi bien percée, mais elle est aussi propre et mieux fortifiée, à la Vauban. On y remarque une assez grande place irrégulière, et, à un coin de cette place, un assez bel Hôtel-de-Ville.

La tour du beffroi qui s'élève au milieu de la place, est plus bizarre que belle; elle fait l'effet difforme d'une grosse tête sur un corps long et menu. A l'église de Saint-Winox, la plus belle de la ville, les curieux vont voir quatorze petits tableaux peints sur cuivre, et attribués à Robert Van-Hoecq.

Indépendamment de ses remparts, la ville de Bergues est encore défendue par deux forts, dont l'un est appelé *le fort Lapin*, l'autre *le fort Suisse*. Les eaux stagnantes connues sous le nom de Moëres, qui sont dans le voisinage, rendent ce séjour mal sain, aussi le nombre des décès y excède-t-il continuellement, d'après la statistique du département, celui des naissances. Cette ville, centre d'un grand commerce de beurre et de fromage façon de Hollande, est encore commerçante par ses marchés, sur-tout par ses quatre foires, de huit jours chacune, qui commencent le 8 avril, le 21 mai, le 4 août et le 23 octobre. Elle est percée de trois portes principales, donnant sur les trois routes de postes qui y aboutissent. Le canal de Dunkerque et celui de Furnes s'y réunissent avec celui de Saint-Omer.

On peut se rendre en voiture de Bergues à Furnes, par le chemin de hallage qui longe le canal. Ce chemin de quatre lieues passe près d'Hondschoote, ville ouverte, peuplée de 2,500 habitans, dont le commerce se

réduit à la vente des lins et du tabac de leur lieu
territoire. — *Parcouru depuis Paris* . . . 6(

---

§ 23. *De Bergues à Dunkerque* . . . . . :

Même nature de contrée, plate, fraîche et
riche. On peut aller par deux routes; je n'ai
suivi et ne connais que celle du hallage
qui longe le canal à droite. La rive opposée
offre successivement et à des distances à-peu-
près égales, deux beaux forts en terre, savoir:
le fort Louis et *le fort Français*. On traverse
le canal, en arrivant à Dunkerque, par un
pont-levis.

Ville de
Dunkerque.

Je ne sais pourquoi j'avais cru la ville de
Calais supérieure à celle de Dunkerque. Com-
bien je m'étais trompé tant sur l'une que sur
l'autre de ces deux villes. J'ai trouvé la première bien au-dessous et la seconde bien au-
dessus de l'idée que je m'en étais faite. Calais,
loin de l'emporter sur Dunkerque, n'a pas
plus d'un quart de l'étendue de cette ville, et
d'un tiers de sa population. L'enceinte de
Dunkerque est d'une lieue, et sa population,
tantôt de 20, tantôt de 25,000 habitans, suivant que les circonstances lui sont favorables
ou contraires. Elle en a eu plus de 30,000

dans sa grande prospérité. Elle n'en avait pas 10,000, m'a-t-on assuré, dans le temps qu'elle gémissait sous le joug d'un commissaire anglais.

C'est une ville des mieux percées, des plus régulièrement bâties, et, par conséquent, des plus jolies de France. La plupart des maisons n'ont qu'un étage; mais cet étage, élevé à la même hauteur et percé de grandes croisées uniformément espacées, est d'un fort bon effet. Les maisons, en très-petit nombre, qui ont un second étage, sont couronnées d'un fronton élégant, qui indique évidemment un plan général de construction. Les autres maisons semblent attendre ce second étage et ce couronnement. C'est une espèce de complément qui manque à cette ville, et, à proprement parler, une dernière main dont elle a besoin pour être entièrement achevée.

La place du Champs-de-Mars est carrée et aussi belle que vaste; les façades n'en sont pas tout à fait uniformes, mais elles sont parfaitement agréables. La place Dauphine est un carré long, planté d'abres; le milieu est orné du buste de Jean Bart, célèbre marin né à Dunkerque.

On a beau parcourir cette ville dans tous

les sens, on n'y trouve aucun autre édifice remarquable que l'église de Saint-Eloi, qui ne l'est elle-même, quoiqu'assez grande d'ailleurs, que par son frontispice, composé de dix belles colonnes corynthiennes, que couronne un vaste fronton grec, ouvrage de l'architecte français, Louis.

Ce portique moderne d'une église bâtie en 1440, est, après celui du Panthéon de Paris, la plus heureuse imitation que je connaisse de celui du Panthéon de Rome. Cependant aucun des auteurs que j'ai consultés n'en parle, pas même celui de la statistique du département; mais ils parlent tous de l'Hôtel-de-Ville, sans en rien dire d'ailleurs qui justifie cette mention honorable, répétée également par tous, sur la foi les uns des autres. Eh! que pourraient-ils dire de cet insignifiant édifice? En le désignant comme un objet à voir, ils prouvent assez aux voyageurs qu'ils ne l'ont pas vu eux-mêmes. Il faudrait peut-être remonter bien haut pour trouver la source de cette erreur topographique.

Après avoir été une des plus fortes places de l'Europe sous Louis XIV, Dunkerque, objet de la jalousie et de la terreur des Anglais, par son importance maritime, devint celui des plus dures conditions imposées à la France par le traité d'Utrecht, en 1713. Les fortifications de Dunkerque, démantelées en vertu de ce traité, furent rétablies par celui de 1783, ainsi que le port, qui avait été comblé.

Les nouvelles fortifications sont très-peu de chose : le mobile sable des dunes, unique sol du pays, a servi à la construction des remparts; on l'a consolidé en recouvrant de mottes gazonnées.

Le nouveau port est grand et assez beau; c'est un large canal, qui ne se remplit qu'aux marées, et se vide en partie quand elles l'abandonnent. Il est à plus d'un quart de lieue de la grande mer, qui découvre, en se retirant, à chaque reflux, une immense plage.

Il y a deux bassins de construction : le principal des deux se prolonge entre deux longs bâtimens parallèles et uniformes, qui sont, l'un la corderie, l'autre les magasins et logemens des matelots. J'ai vu trois frégates sur le chantier : c'était en 1811.

La rade de Dunkerque est une des plus belles de l'Europe, et le port un des plus fréquentés de France. Toutes les branches d'exportation et d'importation, toutes les diverses

ressources du commerce maritime, et prin-
cipalement la pêche du hareng, contribuent
à son activité. Pendant les dernières années
du règne de Napoléon, le commerce des smo-
gleurs a succédé à celui des armateurs, et un
agiotage très-borné, à des expéditions maritimes très-étendues.

Cette ville a des fabriques d'amidon et
d'eau-de-vie; elle avait aussi plusieurs manufactures de tabac, avant le rétablissement de
la régie, qui les a toutes anéanties. Il s'y tient
deux foires par an, qui durent neuf jours, et
commencent, l'une le 20 juin; l'autre le 22
septembre.

Siége d'une sous-préfecture, d'un tribunal
de premier instance et d'un tribunal de commerce, Dunkerque était aussi celui d'une
préfecture-maritime, transférée depuis à Boulogne. C'était, avant la révolution, la résidence d'un intendant de marine.

Au ton des grandes villes, Dunkerque en
joint les ressources : les voyageurs y trouvent
deux établissemens de bains publics, dont un,
aussi propre que bien tenu, est au milieu des
dunes.

Si nous n'avons découvert d'autre grand
homme, né à Calais, qu'Eustache de St.-Pierre

et ses braves compagnons, nous n'en trouvons d'autre à Dunkerque, que l'intrépide marin Jean Bart.

Cette ville, située près des dunes, n'était qu'un hameau habité par des pêcheurs, lorsque Saint-Eloi, qui vivait au 7e. siècle, y fit bâtir, dit-on, une petite église qui fut appelée *Dunkerque*, de *dun*, mot celtique qui signifie *montagne*, d'où est venu celui de *dune*, et du mot *kerque*, qui signifie, en flamand, *église*, c'est-à-dire, *église de la montagne*. Quoiqu'il en soit de cette opinion, qui, si elle n'est pas prouvée, n'est pas invraisemblable, il est certain qu'en 960, Baudouin, comte de Flandre, fit du hameau de Dunkerque une petite ville. Robert de Flandre, un de ses successeurs, y construisit, en 1322, un château, qui fut bientôt démoli par les rebelles de Flandre. Charles-Quint y fit bâtir, en 1538, un autre château, qui a été depuis entièrement détruit. Cette ville, prise par les Anglais, et reprise par les Français, dans le même siècle, fut cédée à l'Espagne par le traité de *Cateau-Cambresis*, en 1559. Prise de nouveau par le duc d'Enghein, en 1646, malgré la vive résistance des Espagnols, elle retomba bientôt au pouvoir des mêmes ennemis. Turenne la reprit, en 1558, après avoir gagné la fameuse bataille des Dunes. Cédée la même année à Cromwel, par Louis XIV, elle fut rachetée par ce monarque, quatre ans après, du roi Charles II, moyennant une somme de cinq millions. Louis XIV y fit faire des travaux considérables, auxquels il employa 30,000 hommes, et Dunkerque devint un des boulevards de la France; mais tout fut rasé par l'humiliante paix d'Utrecht, qui portait qu'aucune tour ne pourrait subsister dans cette ville, si elle passait la hauteur des maisons. Ce traité fut annullé par la paix de 1783.

Parcouru depuis Paris jusqu'à Dunkerque.   lieues   68

DESCRIPTION

ROUTIÈRE ET GÉOGRAPHIQUE

DE LA FRANCE.

~~~~~~

IIe. ROUTE DE PARIS A DUNKERQUE,

Par Arras et Béthune.

71 lieues.

➤➤➤➤➤➤➤➤✦◄◄◄◄◄◄◄

On sort d'Arras par la route de Lille, qu'on laisse à droite, au bout d'une montée courte, mais assez rapide.

Après cet embranchement, on parcourt des plaines crayeuses, peu fertiles et peu intéressantes, dont la culture principale consiste en prairies artificielles et en plantes à huile.

Les tours pittoresques de l'ancienne abbaye de Saint-Eloi, qu'on voit pendant quelque tems à une lieue environ sur la gauche, sont le seul objet sur lequel la vue puisse se reposer agréablement.

Souchez est un village situé dans un petit vallon assez joli. Le sol s'améliore sensiblement, à mesure qu'on avance. On traverse, à des intervalles inégaux, deux autres villages, Aix et Nocux, entre Souchez et Béthune, ville d'environ 6,000 habitans, bien bâtie et bien fortifiée par Vauban. Les puits y sont très-profonds et très-rares. On n'y boit guère que de l'eau de citerne. Il y a pourtant quelques fontaines.

Du milieu d'une grande place et d'un méchant groupe de maisons qui occupe ce milieu, s'élance un grotesque beffroi. Si les habitans cherchaient à embellir leur ville, ils feraient le sacrifice de ce vilain beffroi et de ces vilaines maisons, pour rendre au moins la place imposante par sa grandeur. L'église principale est remarquable par l'élégante légèreté de sa nef, portée sur des colonnes extrêmement délicates.

Un canal de navigation aboutit de la petite ville de Lagorgue à Béthune, où il forme un

Ville de Béthune.

assez beau bassin, dans lequel j'ai remarqué de
très-grosses barques. Une route directe de-
vrait nous conduire de Béthune à Hazebrouck,
par Saint-Venant, mais cette route n'existe
pas, et en attendant qu'elle s'effectue, on
est obligé de parcourir une distance à-peu-
près double, par Lillers et Aire.

Béthune a deux foires par an, qui durent chacune dix jours, et commencent,
l'une le 3 février, l'autre le 15 août : cette ville
est d'ailleurs fort peu commerçante ; elle est
aussi fort peu ancienne, puisqu'il n'en est pas
question avant le 11e. siècle. En 1645 elle
fut prise par Gaston d'Orléans. Son neveu la
défendit contre les armées alliées, et ne la rendit qu'après trente-six jours de tranchée ouverte, avec une capitulation honorable. Elle
fut restituée à la France par le traité d'U- lieues.
trecht. — *Parcouru depuis Paris.* . . . . . 51 ½

§ 19. *De Béthune à Lillers.* 3

Même plaine : nous avons vu le pays s'a-
méliorer avant Béthune ; la même progres-
sion m'a paru continuer après cette ville. Vers
le milieu de la distance, on traverse le village
de Choques. C'est dans une maison de ce vil-

lage, celle de M. Boutillier, que j'ai vu, pour la première fois, le phénomène des jets d'eau naturels de cette contrée, dont j'ai parlé avec quelques détails en décrivant la ville d'Aire. (1re. route de Paris à Dunkerque p. 123.) Celui de Choques élève un volume d'eau gros comme le bras, à la hauteur de 7 pieds. Le propriétaire n'avait aucune envie de faire un jet d'eau, il ne cherchait qu'un puits. On creusa 88 pieds, savoir : 10 à 12 dans la terre ordinaire, puis 3 ou 4 dans l'argile, ensuite 6 dans le gravier, puis on trouva diverses couches de terre jusqu'à un lit de marne, où l'on n'eut pas plutôt creusé 3 ou 4 pieds, que l'eau s'élança et remplit, dans un instant, tout le puits, jusqu'au niveau du sol, en laissant à peine aux ouvriers le tems de remonter. Ce n'est pas sans peine qu'on réussit à établir au milieu de ce puits un tuyau qui, moins gros que celui d'aujourd'hui, lançait l'eau à une hauteur presque double, ce qui incommodait fort le propriétaire, parce que l'eau, quand elle était chassée par les vents, se portait sur son toit, qu'elle endommageait et menaçait de détruire. En doublant le diamètre du tube, il a réduit la hauteur de moitié.

Le terroir , toujours gras et fertile, se maintient jusqu'à Lillers et même jusqu'à St.-Omer. Les arbres l'embellissent : ils bordent presque partout et ombragent la route, qui offre peu de lignes droites ; elle serpente au contraire beaucoup : c'est un pavé très-étroit, bordé de deux accottemens sabloneux ou boueux, suivant le tems qu'il fait. Lillers est un bourg déja décrit, ainsi que le reste de cette route. — *Parcouru depuis Paris. . .*

lieues.

54 ½

(V. pour cette partie de la route, la 1ʳᵉ. de Paris à Dunkerque) — Parcouru depuis Paris jusqu'à Dunkerque, par la deuxième route 71

COMMUNICATION

De Poix à Amiens, faisant partie de la Route de Rouen à Amiens.

6 lieues.

On gravit une côte crayeuse, pour gagner une plaine de la même nature, mais d'un grain assez fertile, malgré la sécheresse du sol. On est entre deux belles allées de peupliers, et pendant une partie de la route, on se croirait continuellement sur l'avenue d'un château. La beauté des arbres fait d'autant plus d'effet, que le pays en est entièrement dépouillé; cette vigoureuse végétation dans des lits de craie, n'étonne pas plus que les riches moissons que produit ce même sol si aride en apparence. Il devient enfin tellement crayeux et si véritablement aride, que les arbres finissent par disparaître au bord de la route, comme dans toute la plaine, et qu'on se croirait alors au milieu de la Champagne pouilleuse. Ce triste sol n'offre aux besoins de l'homme d'autre produit que la craie, et, dans quelques coins seulement, l'avoine et le sarrazin.

Après avoir relayé à Quevauvilliers, on s'abaisse doucement dans un petit vallon moins crayeux, pour s'élever ensuite sur une autre plaine de la même nature, mais non de la même infertilité que la précédente, d'où l'on gagne, en s'abaissant insensiblement, la ville d'Amiens, qui montre sa haute cathédrale à près de trois lieues de distance. (*V. pour la description de cette ville, la première route de Paris à Dunkerque, p.* 104.) — *Parcouru depuis Poix.* . . . . . lieues.
6

COMMUNICATION

De Doulens à Abbeville.

10 lieues.

Plaine crayeuse et peu intéressante. On laisse à droite, en partant de Doulens, la route de Saint-Pol; à gauche, la double citadelle et la filature de coton de M. Mourgues, dont nous avons parlé à l'article de Doulens. Quatre villages ou hameaux, bâtis en terre et couverts en paille, dont le dernier, Bernaville, est le plus considérable, avec une population d'environ 12 à 1500 habitans, entrecoupènt la première distance. Beaumetz n'est qu'un hameau. Rien de remarquable jusqu'à St.-Riquier, petite ville peuplée de 1200 habitans, et bien déchue de ce qu'elle était autrefois, d'après l'étymologie de son ancien nom *Centulum*, ou *Centula*, qu'on fait venir des cents tours qui flanquaient ses murailles, et d'après ce vers *fort chanté dans le pays* selon Piganiol, qui ne l'y a sans doute pas plus entendu chanter que moi:

Turribus a centum Centula nomen habet.

On prétend qu'en 815, il y avait dans Centule 2,500 maisons. Saint-Riquier, natif de cette ville, y a fondé, au 7me. siècle, un couvent de Bénédictins ; et, soit reconnaissance, soit vénération pour ce Saint compatriote, elle lui fit le sacrifice de son nom pour prendre le sien. L'église de cette abbaye est une des plus belles de France, et la plus belle, sans contredit, de la Picardie, après la cathédrale d'Amiens. La petite ville de Saint-Riquier ne possède rien autre chose d'intéressant, non plus que le reste de la route.

(V. pour la description d'Abbeville, la 1re. route de Paris à Calais, page 31. — Parcouru depuis Doulens jusqu'à Abbeville. .

lieues.

10

COMMUNICATION

De Montreuil à Arras.

19 lieues et demie.

━━━━━◦◦◦◦⟨◦⟩◦◦◦◦━━━━━

Collines crayeuses et sans intérêt, dans la première lieue : plaine continuelle et aussi riche qu'agréable dans les cinq suivantes. Cette plaine est la riche et large vallée de la Canché, dont on remonte la rive gauche à travers une suite de vergers et de villages, si rapprochés, qu'on croirait n'en voir qu'un seul.

Tous ces villages, au nombre de onze, paraissent riches, quoique généralement bâtis en terre et couverts en chaume. Plusieurs des chaumières qui les composent sont revêtues d'un enduit de chaux qui leur ôte l'air triste et misérable de ce genre de construction. Un grand nombre sont en briques ou en jolies pierres blanches.

Quelques-unes sont de véritables maisons de campagne, et toutes, sans exception, de jolies habitations champêtres, toujours accompagnées et embellies de jardins, toujours ombragées d'arbres de toute espèce. Dans un de ces villages (Ecquemicourt), à une lieue et demie d'Hesdin, on remarque sur le bord de la route, à gauche, un énorme tilleul, dont le pied a un circuit immense, et dont le feuillage pourrait ombrager un régiment entier.

Je n'ai vu nulle part une aussi longue et aussi agréable série de villages, si j'en excepte la vallée du Gave, près de Pau, et peut-être aussi celle du Graisiveaudan en Dauphiné. Cette nombreuse population prouve la richesse du sol. Effectivement la vallée de la Canche est une des plus fertiles qu'on connaisse : fruits, plantes et graines de toute espèce, tel est le produit de ce sol, qui ne connaît aucun repos, et s'élève tous les ans à dix ou douze pour un, en froment. Les côteaux qui bordent cette féconde et délicieuse vallée n'en sont pas moins stériles et dépouillés : leur sol crayeux est de loin en loin couvert de forêts qui en masquent l'aride blancheur.

Le lin est fort cultivé dans la distance que nous venons de parcourir ; les habitans fabriquent les bas connus dans le commerce sous

le nom d'*Hesdin*. C'est cette industrie manufacturière qui, jointe aux ressources de
l'industrie agricole, enrichit et peuple à l'infini la vallée. (*Pour la description d'Hesdin,*
voyez la 2me. *route de Paris à Calais,*
page 69.

_____

lieu

§ 2. *D'Hesdin à St.-Pol.*   5

Le pays change de nature : au lieu d'une
plaine uniformément belle et riche, la route
ne traverse que des collines plus ou moins
crayeuses, et inégales de culture comme de
fertilité. Au bout d'une demi-lieue, dans le
village du Parcq, on laisse, à un quart de lieue
sur la droite, le vieil Hesdin, village dont
nous avons parlé à l'article d'Hesdin, et à
une demi-lieue sur la gauche, Auchy-les-
Moines, lieu remarquable par une fameuse
filature de coton, qui employait, lors de mon
passage, cinq cents ouvriers. M. Say, ancien
tribun, auteur d'un excellent Traité d'Eco-
nomie politique, est le créateur et le propriétaire de cet établissement, dans lequel il
a adopté et simplifié le mécanisme de la machine de Marly.

La route longe, à droite, sur une des hauteurs qu'elle franchit, le village d'Humières, et descend à St.-Pol par une côte d'une demi-lieue de long. (*Pour la description de cette ville, voyez la* 1re. *route de Paris à Dunkerque, page* 119.) — *Parcouru depuis Montreuil* 11

La campagne est plus variée et la terre plus fertile avant qu'après Tinques, joli village qui n'a sur la route que deux maisons, dont l'une est celle de la Poste. On laisse les autres sur la gauche. Une lieue plus loin, on traverse celui de Berlette, dans un charmant vallon, où l'on voit, vers le nord, le château du village, sous la forme d'une fraîche et jolie maison de campagne. La plaine devient ensuite plus crayeuse et moins fertile.

Peu après Berlette, on laisse à gauche, d'abord à peu de distance, le bourg d'Aubigny, chef-lieu de canton ; ensuite, à une demi-lieue d'éloignement, le mont St.-Eloi, remarquable par une célèbre abbaye de l'ordre de St.-Augustin. Les chanoines portaient la soutane violette. La route, depuis cette partie jusqu'à Arras, est pavée. (*Pour la description d'Arras, voyez la route de Paris à Lille.*) — *Parcouru depuis Montreuil jusqu'à Arras.* . . . . lieu 19

COMMUNICATION

Ds St.-Omer à Boulogne-sur-Mer.

13 lieues.

Contrée marneuse et montagneuse : c'est tout ce qu'il y a de plus haut et de plus escarpé dans le Boulonais , peut-être même dans la France septentrionale ; il y a tel endroit où je me serais cru dans les montagnes du Forez, ou de l'Auvergne. Les plus hautes sommités ne paraissent pourtant pas atteindre l'élévation de 150 toises au-dessus du niveau de la mer.

Le pays devient sauvage et les habitans avec lui. On ne rencontre que quelques chaumières, et pour trouver deux maîtres de poste, il a fallu les aller chercher à plus ou moins de distance dans la traverse. Le relais de la Motte-Bayenghem est dans un hameau situé à un quart de lieue à gauche de la route,

. et celui de Colembercq, dans une chaumière,
du même côté à-peu-près à la même distance. Ces montagnes, qui font tant d'effet
de près, en font très-peu de loin, parce que
d'autres les entourent, en s'abaissant et se
dégradant d'une manière peu sensible, vers
les plaines environnantes. Le surnom de la
Motte donné à Bayenghem est celui du château de ce village. — *Parcouru depuis St.-* lieue
Omer jusqu'à Boulogne. 13

COMMUNICATION

D'Aire à St.-Omer,

Formant une 3ᵐᵉ. Route de Paris à Calais, par Arras et Béthune.

---

§ 1. *D'Aire à St.-Omer.* . . . . lieues. 5

Plaine riche et verdoyante, comme toute cette partie de la Flandre. La route traverse trois villages ; le premier, à un quart de lieue, est St.-Martin, composé de maisons éparses ; le second, à mi-chemin, est Racquinghem, qui ne m'a paru qu'un hameau ; le troisième une demi-lieue avant St.-Omer, est Arque, peuplé d'environ 1200 habitans. On y laisse à droite l'embranchement de la communication de St.-Omer à Cassel, décrite ci-après. (*V. pour la description de St.-Omer la 2ᵉ. route de Paris à Calais, p. 76.*)

COMMUNICATION

De St.-Omer à Cassel.

Faisant partie de celle de St.-Omer à Lille, par Armentières.

5 lieues.

Plaine continuelle jusqu'au pied du Mont Cassel. Sortant de Saint-Omer par la porte d'Arras, le voyageur suit la route de cette ville jusqu'au le village d'Arque, au-delà duquel on tourne à gauche, pour suivre un chemin moins large que celui qu'on quitte, mais plus agréable par la fraîcheur du paysage, et même plus beau, en ce qu'il ne serpente pas, mais qu'il offre au contraire de longs développemens en ligne droite. Des haies vives, ordinairement taillées en charmille et toujours vigoureuses, s'entremêlent aux allées, quelquefois doubles, qui bordent cette jolie route ; les arbres bordent aussi les propriétés et souvent elles en sont parsemées. La terre est partout couverte d'herbages extrêmement gras et de toutes les espèces de fourrages artificiels; de houblon, de tabac, et de toutes les plantes oléagineuses. On voit en face, pendant une partie de la distance, le pittoresque Mont Cassel; on ne le perd de vue qu'en le tournant à droite, pour le gravir. *(V. pour la description de ce mont et de la ville de Cassel, la première route de Paris à Dunkerque, page 89.)*

COMMUNICATION

De Calais à Dunkerque.

10 lieues.

Route plate, dont on parcourt une partie dans les sables, entre une chaîne de dunes qu'elle cotoye, à gauche, sans discontinuer, et une vaste étendue de pâturages qu'elle longe à droite. Elle ne traverse aucun lieu remarquable.

Graveline est une très-petite et très-forte ville de guerre, peuplée de 2,800 habitans: les rues en sont larges et alignées, mais elles n'offrent aucune activité. Il y a une assez belle place, une bonne citadelle et un bon port, formé par l'embouchure de l'Aa, qui est creusée en chenal et nétoyée par deux écluses de chasse. Je n'y ai vu que deux navires qui pourrissaient, et une douzaine de barques de pêcheurs. Cette ville de guerre, écrasée par le voisinage de Calais et de Dunkerque, n'a jamais été commerçante; elle a cependant une foire annuelle de neuf jours, qui commence le 19 août. Quelques marins s'y occupent de la pêche. Elle n'a que deux portes, qui conduisent, l'une à Calais, l'autre à Dunkerque.

§ 2. *De Graveline à Dunkerque* 5

Même plaine de sable. Elle s'étend à perte de vue sur la droite ; les dunes la bordent à très-peu de distance à gauche. La route offre, avec de longs développemens en ligne droite, un niveau parfait, un excellent pavé, et vers le milieu de la distance, le trajet du canal et du village de Mardick, créés l'un et l'autre par Louis XIV, pour remplacer le port de Dunkerque, détruit en exécution du traité d'Utrecht. *(V. pour la description de Dunkerque la* 1re. *route de Paris à cette ville, page* 136. *)* — *Parcouru depuis Calais jusqu'à Dunkerque* 10

COMMUNICATION

De St.-Omer à Graveline.

8 lieues.

Route plate et très-inégale, partie en chemin vicinal, partie en chemin de traverse, et partie en chemin de hallage, le long d'un canal qui servait autrefois à la navigation : il ne sert plus aujourd'hui qu'aux arrosages et à l'écoulement des eaux de la plaine qui, très-fertile en grains et fourrages de toute espèce, est aussi très-sujette aux inondations *(V. pour la description de Graveline, la communication de Calais à Dunkerque, page 162.)*

FIN.

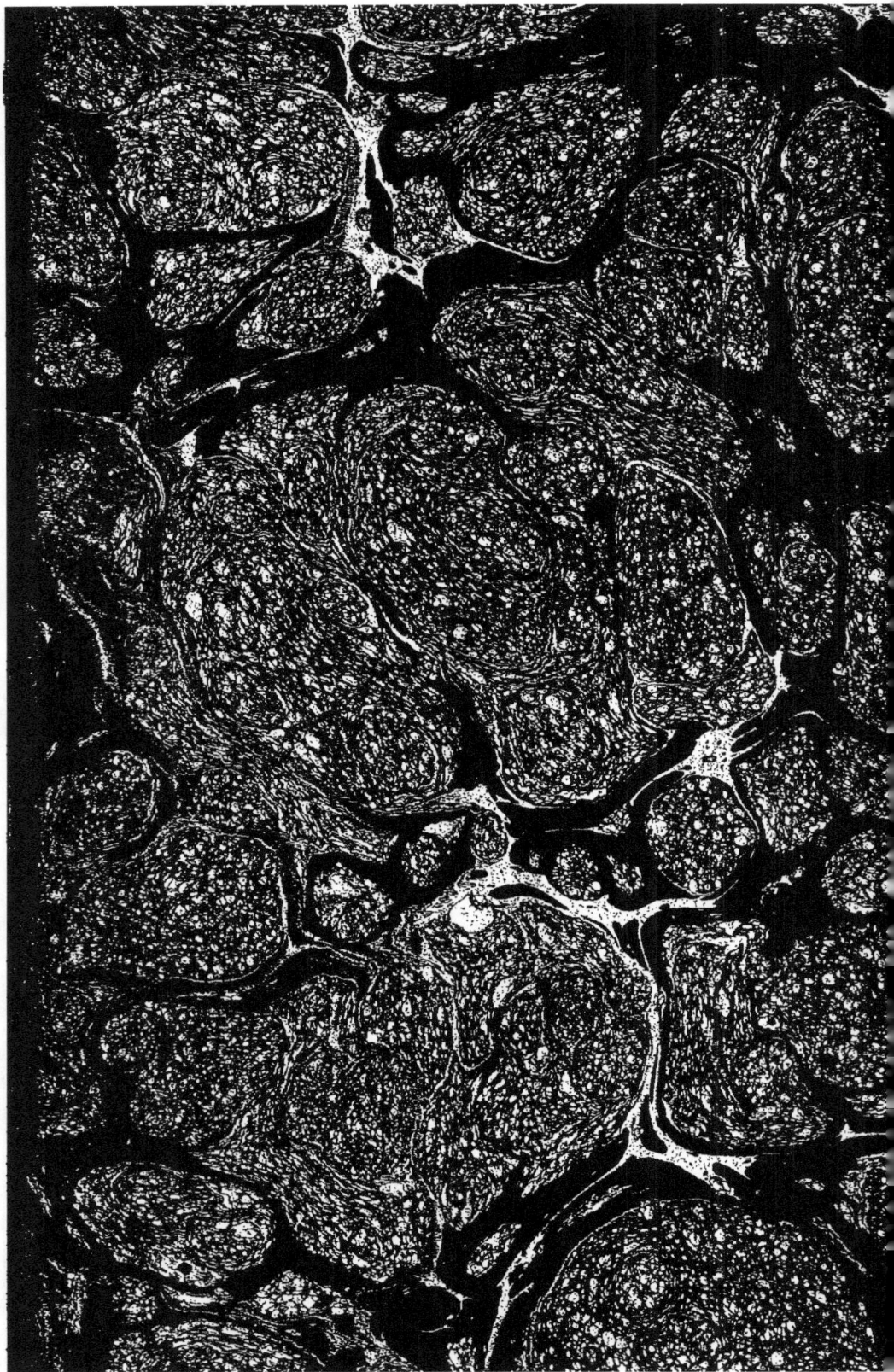

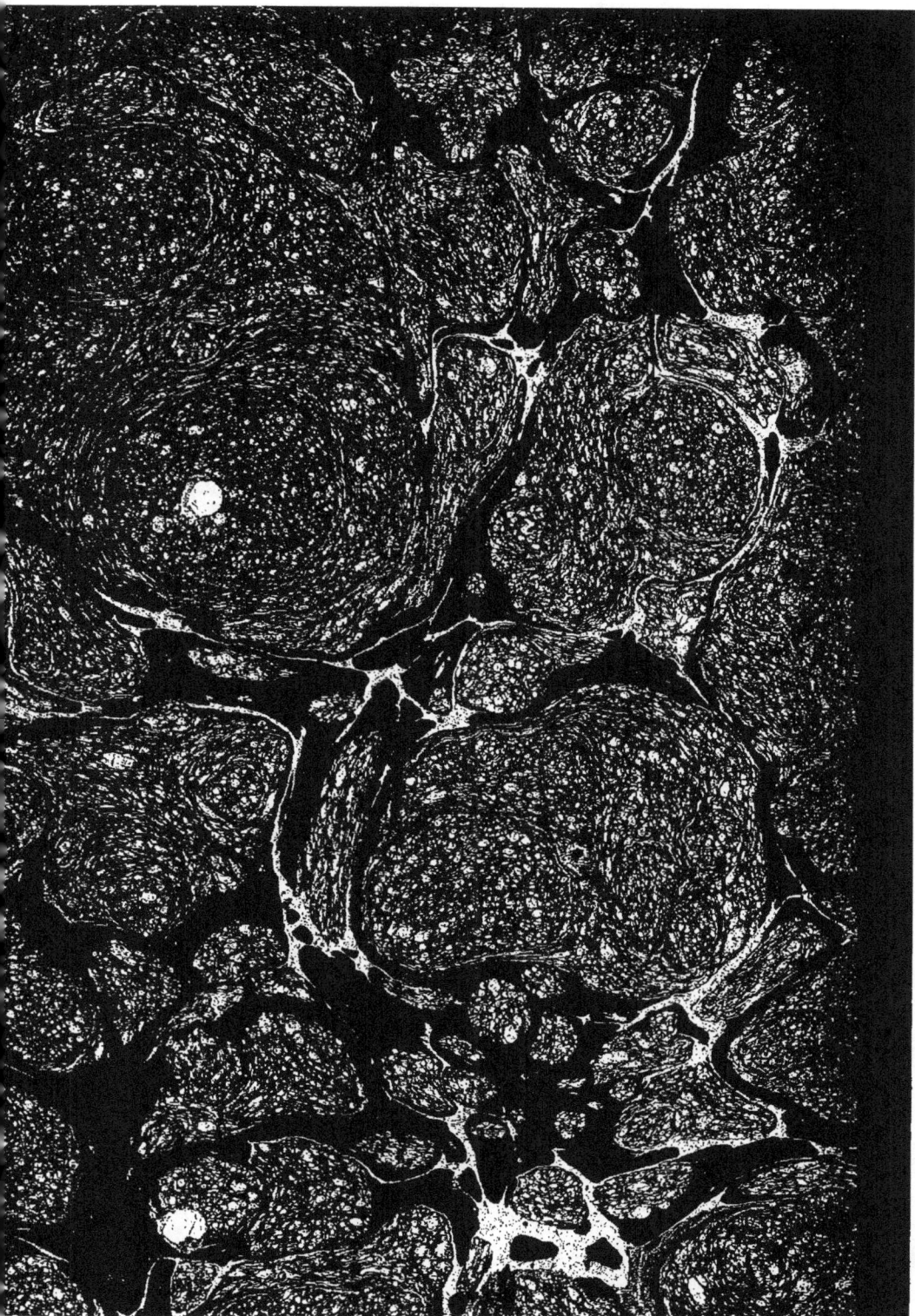

ESCRI

OUTIL

DE

AFRA

www.ingramcontent.com/pod-product-compliance
Lightning Source LLC
Chambersburg PA
CBHW072052080426
42733CB00010B/2093